UN GRAND WEEK-END

Déconnexion EN FRANCE

MÉDITATION · YOGA · SPA

30 SÉJOURS POUR RESPIRER

hachette

Les autrices

ÉLODIE ROTHAN

Passionnée depuis toujours par le voyage et les rencontres avec l'ailleurs, Élodie est autrice et photographe free-lance pour divers magazines, et fondatrice du site Green Latitudes (www.greenlatitudes.fr). Convaincue que le tourisme doit prendre un virage plus responsable, elle s'implique de plus en plus dans les thématiques de slow tourisme, de déconnexion et d'écotourisme.

STÉPHANIE BIJU

Autrice de guides et rédactrice pour des magazines et des sites touristiques, Stéphanie vit en Bretagne depuis 10 ans. Entre deux écrits, elle ne se lasse pas d'en arpenter les sentiers côtiers. Les embruns, le vent du large, le bruit des vagues… rien de tel qu'une balade à la mer pour la faire déconnecter et lui donner du cœur à l'ouvrage.

LAURINE THIODET

Journaliste et créatrice de contenus d'aventure, Laurine Thiodet use de sa créativité et de sa curiosité pour raconter le monde en mots et en images. Elle est souvent quelque part sur la route ou dans un salon de thé. Ce qu'elle préfère ? Alterner lecture en bord de mer, balade sous les étoiles et raclette au coin du feu. La recette idéale pour vivre une année pleine d'instants magiques.

MARION ZIPFEL

Parce qu'elle a un penchant naturel pour la déconnexion, Marion Zipfel, journaliste, ne pouvait refuser la participation à ce livre. Embrasser les arbres, croquer du chocolat, partir pour une cueillette sauvage ou vibrer au bord de l'eau : elle vous livre ses bonnes idées pour garder le réel à distance.

Souffle

Nature

Eau

Printemps

L'APPEL DE LA NATURE

Premiers rayons de soleil, premiers bourgeons... rien de tel qu'une nature qui se réveille pour recharger ses batteries. On chasse le stress au grand air iodé lors d'une séance de yoga sur la Côte fleurie ou de sophrologie sur les plages du Débarquement, en Normandie. Sur l'île d'Yeu, c'est entouré de l'odeur des ajoncs et à dos de cheval qu'on lâche prise. Cueillette de plantes sauvages dans le Médoc, spa dans un décor impressionniste non loin de Giverny... c'est bon d'apprécier tout ce que le printemps a à offrir.

Été

AU ZEN-ITH !

L'été, c'est la saison des bains. De soleil, de mer... et de forêt, à Compiègne ou au mont Dore, pour une rencontre avec les arbres toujours régénératrice. On tente aussi le bain japonais, en mode zen dans une eau chauffée à plus de 40 °C, en baie de Somme, ou bien la plongée dans l'eau thermale à 34 °C de Vichy. On ose le paddle yoga au son des bols tibétains sur le lac du Bourget ou, en Ariège, une coupe de cheveux au rasoir vibratoire. Tout au bout de la Bretagne, lorsque les grands dauphins pointent leur nez en mer d'Iroise, qu'il est loin le tourbillon de la vie !

DE TOUTES LES COULEURS

Jaune, rouge, orange... tandis que le Morvan dévoile toute sa palette de couleurs automnales, on s'offre un moment rien qu'à soi dans un spa d'exception. Sous les pins du cap Ferret, on se détend à la faveur d'un massage à l'eau de pluie. Beaux jours encore assurés sur la Côte d'Azur, top pour éveiller ses sens en faisant du yoga dans les calanques ou pour ouvrir une parenthèse méditative à l'abbaye de Lérins. En Normandie, on découvre les vertus de la marche afghane, en admirant les plus belles lumières de l'année sur la baie du Mont-Saint-Michel.

TENDANCE HYGGE

Les jours raccourcissent et on a une seule envie, passer en mode cocooning au coin du feu. Encore plus appréciable après une sortie en raquettes, dans le silence apaisant des monts du Cantal, ou un yoga du froid dans le décor ouaté des Alpes. Pour mieux affronter l'hiver, la bonne idée, c'est d'enclencher un plan bien-être dans la ville thermale de Dax. On s'offre aussi une bulle de douceur dans un spa... à la pomme dans le Perche ou à la bière à Strasbourg, en pleine féerie de Noël. Inattendue, une balade avec un âne dans les Cévennes s'avère, à cette saison, franchement dépaysante !

Où déconnecter ?

ON RESPIRE *à fond*

YOGA IODÉ

sur la Côte fleurie

ACCÈS

En train | TER Paris (gare Saint-Lazare) - Trouville-Deauville (env. 2h) **|** Puis bus TER : Trouville-Deauville - Villers-sur-Mer (20 min) ou Trouville-Deauville - Honfleur (35 min).

En bus | Ligne 111 Villers-sur-Mer - Deauville (15 min) - Honfleur (1h).

DISTANCES

Paris - Honfleur | 197 km.

Lille - Honfleur | 317 km.

Nantes - Honfleur | 353 km.

Honfleur - Villers-sur-Mer | 26 km.

NORMANDIE YOGA

- Cours privés à l'année, sur la plage, en salle ou là où vous êtes.
- Aucune pratique préalable n'est requise.

PÉRIODE IDÉALE

Honfleur | Au printemps et à l'automne, vous profiterez d'une ambiance plus intime. N'hésitez pas à faire vos explorations aux aurores, lorsque le port s'éveille doucement.

Normandie Yoga | Le matin ou en fin de journée, vous verrez le soleil évoluer autour de vous.

INSPIREZ L'AIR MARIN, expirez le roulis des vagues. Il y a des sensations qui font du bien ! En pleine contemplation de l'immensité marine et collectionnant quelques coquillages sur la serviette, vous voilà au même endroit que bon nombre de peintres avant vous : Honfleur. Embrassant l'estuaire de la Seine et la campagne normande, cette cité portuaire attirent les âmes créatrices, celles qui aiment vivre l'instant présent.

Être en symbiose avec mère Nature, au calme, déconnecter… c'est ce que propose Charline, professeure de yoga. Le meilleur spot ? À la plage ! Au petit matin, vous vous éveillez en douceur. Une salutation au Soleil, les pieds dans le sable, le chant des mouettes qui accompagne vos méditations et la mer en toile de fond. Bref, le cadre rêvé pour commencer la journée du bon pied.

Au cours de ce séjour, vous découvrez Honfleur, la lumière magique du Vieux Bassin, le quartier Sainte-Catherine et ses ruelles de contes de fées, le jardin des Personnalités et la vue panoramique qu'offre le mont Joli sur les hauteurs.

OÙ DORMIR ?

VILLA D'EAUX

Maison d'hôtes les pieds dans l'eau

Ambiance cosy et chaleureuse, typique du bord de mer. Dès l'arrivée, troquez le bruit pour le silence, la pollution pour l'iode, la charge mentale pour la méditation ! Patio méditerranéen, rooftop, anciennes cabines de soins et trésors Art déco disséminés dans les six chambres intimistes. Le matin, séance yoga sur la plage pour un moment calme et relaxant. Emplacement idéal avec vue sur les toits et les couchers de soleil. Vous apprécierez aussi le petit déj, la maison de thé et les espaces massage.

Villers-sur-Mer • 12, rue Michel d'Ornano • 02 31 88 19 18 • www.villadeaux.com • Nuitée à partir de 180 €.

AUTRES HÉBERGEMENTS

Le Manoir de la Plage | Honfleur • 02 31 81 63 20 • www.lemanoirdelaplage.fr • À partir de 120 € la nuit, petit déj. offert si résa Internet.

New Cottage Honfleur | Honfleur • 06 59 27 88 90 • À partir de 165 € la nuit • Sur résa, cours de yoga privés sur la plage (prestataire extérieur).

JOUR
1

LE MONT JOLI

Honfleur a toujours été le point de départ d'une constellation d'expéditions. Vikings, navigateurs, artistes… tous se sont essayés à saisir la beauté de cette terre aux multiples visages. Il est maintenant l'heure de découvrir sa face calme et paisible. En route pour le mont Joli ! Sur les hauteurs, Honfleur se dessine, sereine. Devant vous s'offrent le dédale des toits en ardoise, la grande roue blanche (en saison), presque immobile, et le pont de Normandie. Une vue panoramique comme celle-ci, ça ne se refuse pas, ça s'immortalise. (Accès sans difficulté + parking à proximité.)

LE VIEUX BASSIN DE HONFLEUR

Descendez tranquillement et jetez l'ancre au cœur du Vieux Bassin, le port de plaisance de Honfleur. Hautement photogénique, la lumière matinale inonde les bateaux et les façades en briques. La carte postale idéale ! Ces maisons verticales, adulées par tout flâneur aguerri, sont inscrites comme monuments historiques. Levez la tête, musardez du côté de la lieutenance, admirez chaque détail du quartier Sainte-Catherine et son église en bois atypique. Une fenêtre fleurie, une ruelle pavée, des terrasses ombragées, des boutiques vintage… et une ambiance tranquille qui règne ici au petit matin.

Office de tourisme de Honfleur • Quai Lepaulmier • 02 31 89 23 30 • www.ot-honfleur.fr

DEUX ENTRÉES, DEUX AMBIANCES

Les maisons outrageusement étroites qui se reflètent dans l'eau du port du Vieux Bassin possèdent deux entrées indépendantes. Les deux premiers étages s'ouvrent côté quai, rue des Logettes ; les autres niveaux sont accessibles depuis l'autre façade, côté place Sainte-Catherine. C'est le genre de petites anecdotes que vous pouvez découvrir lors d'une visite virtuelle immersive à 360° proposée par l'office de tourisme de Honfleur.

JOUR 2

RÉVEIL EN YOGA SUR LA PLAGE

« Douceur », le maître mot de la matinée. Installez votre serviette sur les vaguelettes de sable, à quelques pas de la mer. Le soleil embrasse doucement l'horizon lorsque vous commencez les premières salutations. Guidé par Charline, professeure à Normandie Pilates et Yoga, votre esprit s'aère et se détend. La séance s'articule selon la météo, la phase de la Lune, la saison, mais également vos émotions. Le yoga commence lorsque vous entrez à l'intérieur de vous-même, connecté à votre moi profond, à l'aide d'une respiration consciente et maîtrisée.

Vous stimulez corps, esprit et cellules. Comment ? Avec une force tranquille, vous enchaînez les postures *(asanas)*. Elles ouvrent les chakras, centres d'énergie du corps, développent la souplesse de la colonne vertébrale, renforcent les os et stimulent le système immunitaire. À chaque respiration, vous allez plus loin dans l'étirement et prenez conscience de vos muscles, puis, les yeux fermés, vous les oubliez au profit du bruit des vagues chatouillant la grève.

Arrive enfin *shavasana*, l'ultime posture de relaxation. Sur le dos, vous laissez vos pensées passer comme des nuages dans le ciel. Tout n'est qu'émotion et sensation. Avec, rien que pour vous, l'immensité des lieux. *Namasté*.

06 21 46 13 78 • www.yogaennormandie.com • Cours privé 60 € (1h) ou 75 € (1h30) • Séance sur la plage, en salle ou à domicile.

LA PLAGE

Concept Spa

Un espace douillet où vous marchez pieds nus dans le sable fin. Vous profitez d'un massage sur mesure aux senteurs enivrantes : mandarine, dattes, pépins de raisin, sucre de canne, des soins du corps et visage aux boues de la mer Morte et un coin sauna.

Votre accueil à La Plage commence toujours par un moment de détente au jardin des thés, assis dans une balancelle confortable, savourant thés et infusions locales. Un temps d'échange avec Faustine Jodlowski, la maîtresse des lieux, pour identifier vos besoins et vos envies. Tout est fait pour éveiller vos cinq sens, en toute décontraction.

Honfleur • 18, rue Brûlée • 06 14 82 12 31 • www.hotel-du-dauphin.com/bien-etre-honfleur • Massages solo ou duo : à partir de 60 € (30 min) • Soins du corps : à partir de 60 € (30 min) • Soins du visage : à partir de 105 € (1h15).

TOURBILLON

Un tourbillon de saveurs

Cuisine parfumée et colorée, à base de bons produits locaux : dos de cabillaud, homard, poulet normand, sablés bretons, mousse caramel... Un moment de gourmandise à déguster dans le grand salon, au coin du feu ou en terrasse, face au clocher de l'église Sainte-Catherine. Le restaurant est la table gourmet de l'adresse de charme Les Maisons de Léa, un hôtel particulier raffiné, avec un spa Nuxe, en plein cœur de la vieille ville.

Honfleur • Pl. Sainte-Catherine • 02 31 14 49 40 • www.restaurant-honfleur-tourbillon.com • Service midi mar.-mer., midi et soir jeu.-dim., f. lun.

JOUR 3

LE JARDIN DES PERSONNALITÉS

Baudelaire, Françoise Sagan, Monet, la comtesse d'Aulnoy... un dîner mondain ? Non, mieux ! Une promenade fleurie à l'écart de la foule, intimiste, parmi les bustes des plus grands noms de Honfleur. Peintres, artistes, navigateurs, personnages historiques, écrivaines... les enfants doués du pays, natifs de la petite cité ou amoureux tardifs, sont à retrouver, nichés au sein de barques végétalisées, au cœur de cette ancienne vasière de 10 ha. Sur les bords du lac, où barbotent cygnes et canards, un lieu idéal pour pique-niquer en bonne compagnie.

Honfleur • Promenade de la Jetée • 8h-21h, hors saison 8h-19h.

RENCONTRE D'ARTISTES

Une expérience artistique hors des sentiers battus, ça vous tente ? Explorez la maison-atelier de Florence Marie, La Forge. Univers fantasque et rêveur pour un lieu calme et singulier. Mosaïques, sculptures, vitraux, théâtre... un terrain de jeu aux expressions multiples ! À vous de déceler le message caché derrière chaque œuvre...

Encore ? Direction le musée Eugène Boudin, peintre impressionniste de Honfleur. Une merveilleuse collection aux doux noms de Courbet, Boudin, Dubourg, Monet, Dufy, Friesz et bien d'autres.

La Forge | Honfleur • 25, rue de la Foulerie • 02 31 89 49 39 • www.laforge-honfleur.com • Ven.-dim. 15h-18h • Entrée 10 €.

Musée Eugène Boudin | Honfleur • Rue de l'Homme de Bois • 02 31 89 54 00 • Vis. libre ou audioguidée • À partir de 6 €.

MASSAGE AYURVÉDIQUE
dans les Yvelines

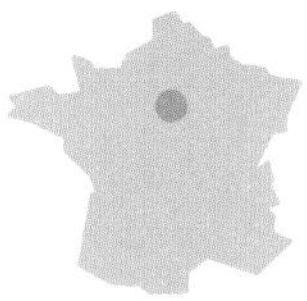

ACCÈS

En train | TGV Nantes - Paris (gare Montparnasse ; env. 2h) • TGV Lille-Flandres - Paris (gare du Nord ; env. 1h) • TER Paris (gare Montparnasse) - Rambouillet (env. 40 min).

En bus | Ligne 04 Rambouillet - Bonnelles (34 min).

DISTANCES

Paris - Bonnelles | 58 km.

Lille - Bonnelles | 262 km.

Nantes - Bonnelles | 341 km.

APRÈS LE MASSAGE

- Prendre un bain ou une douche chaude pour prolonger la sensation de bien-être.
- Penser à bien s'hydrater.

PÉRIODE IDÉALE

Massage ayurvédique | Le matin, avant de commencer la journée, ou le soir.

Rambouillet | L'automne et l'hiver, pour une visite royale féerique.

POUR SOIGNER LES RUDESSES de l'hiver, la mélancolie ambiante et la fraîcheur des soirées, allez retrouver un peu de douceur et de chaleur dans la campagne yvelinoise. À 40 minutes de Paris, les feux de cheminée crépitent autour des grandes tablées, les prairies se recouvrent d'une fine couche de neige, tout semble s'apaiser...

Niché en pleine forêt de Rambouillet, l'hôtel Le Barn remet au goût du jour l'hospitalité, le soin sur mesure et la détente absolue. Entre des mains expertes, découvrez l'ayurvéda, médecine traditionnelle indienne, grâce à un massage qui travaille l'harmonisation du corps et de l'esprit. Un soin particulièrement indiqué pour les personnes pressées, stressées et qui ont du mal à décrocher. On signe où ?

Au cours de ce séjour, explorez la jolie ville de Rambouillet et son domaine royal, qui abrite un château, un bassin à jets et quelques cygnes. Découvrez également la vie mondaine de la ville voisine, Dampierre-en-Yvelines, et l'abbaye cistercienne des Vaux-de-Cernay.

JOUR 1

ESCAPADE ROYALE À RAMBOUILLET

Toute proche de la capitale et au cœur des Yvelines, Rambouillet est idéale pour échapper à la folie citadine, le temps d'un week-end. Direction le parc du château, et plus précisément son jardin à l'anglaise, labellisé « Jardin remarquable », qui s'étend sur 25 ha de monts vallonnés, de petits ponts et rivières serpentines. Le cadre enchanteur ! Ce matin, la brume ondule paisiblement au-dessus des allées cristallisées par la neige. Suivez les chemins sinueux vers de surprenantes fabriques (pavillons) : la laiterie de la Reine et la chaumière aux Coquillages.

OÙ DORMIR ?

LE BARN

Le luxe à la campagne

La maison de campagne idéale, à partager avec les amis ! Sur 200 ha de nature, profitez des chambres douillettes, du potager, des enclos à chevaux et des bains nordiques. Pas d'heure limite pour le check-out du dimanche, ce qui vous laisse tout le temps de vous prélasser au coin du poêle central, de vous détendre au sauna ou de terminer la partie de mölkky de la veille. Sur place : restaurant locavore, cours de cuisine ou de mixologie, yoga, golf, balades à vélo...

Bonnelles • Moulin de Brétigny • 01 86 38 00 00 • www.lebarnhotel.com • Nuit à partir de 180 € (2 pers.).

AUTRE HÉBERGEMENT

La Ferme de Bouchemont | Bleury-Saint-Symphorien • 11, rue de la Rémarde • 02 37 90 97 18 • www.la-ferme-de-bouchemont.com • À partir de 135 €/nuit (2 pers.), petit déj. inclus.

www.chateau-rambouillet.fr • Accès gratuit, t.l.j. 8h-17h, 1er mai-30 sept. jusqu'à 19h30 • Location de barques et de rosalies : 10 €/30 min, 15 €/1h.

DAMPIERRE-EN-YVELINES

À 20 min de voiture, le domaine de Dampierre s'érige dans la riche vallée de Chevreuse. Si son château est plus secret que Versailles, il a pourtant bénéficié du même architecte : Jules Hardouin-Mansart. L'entrée se fait par la cour pavée, donnant accès aux différentes activités proposées : tour en golfette des jardins dessinés par Le Nôtre, location de barques pour naviguer sur l'étang, balade en calèche dans le parc forestier. Lequel compte pas moins de 400 ha, habités par les animaux de la forêt : biches et sangliers.

www.domaine-dampierre.com • Ouv. mars-nov. 10h-17h30, vac. scolaires 10h-18h30, f. lun. (sauf si férié) • 8 € • Location de barques (12 €/1h) et de rosalies (8 €/1h).

LA MAISON DU BŒUF

Veggies s'abstenir

Carpaccio, tartare, bavette, noix d'entrecôte ou onglet : ici, les amateurs de bœuf trouveront leur bonheur. Une cuisine faite maison avec des viandes de qualité, grillées à la plancha. Venez déguster la Picanha ou encore la Surprise, le burger du Chef ou un magret de canard (eh oui), pour terminer sur un baba au rhum revisité ou encore une pannacotta.

Rambouillet • 2, av. du Général Leclerc • 01 30 59 48 89 • www.lamaisonduboeuf.fr • Mar.-ven. midi et soir, sam. soir, parfois dim. midi.

LA FORÊT DES CERFS

Quand vient l'automne, la forêt domaniale de Rambouillet commence à vibrer au son du brame du cerf. Pour cause, c'est la saison des amours chez nos amis cervidés. Un rendez-vous que vous pouvez vivre en compagnie d'un guide forestier (sept.-oct. ; sur résa au bureau de Rambouillet ; 01 24 83 21 21).

Sinon, toute l'année, venez découvrir les cerfs, daims et chevreuils sans les déranger, sur le sentier « La Forêt des Cerfs », à Rambouillet ou celui de Maincourt, à Dampierre, toute l'année.

JOUR
2

MASSAGE AYURVÉDIQUE

C'est dans un ancien moulin, au cœur de la forêt de Rambouillet, que se passe votre rendez-vous bien-être. À l'étage, dans une salle de soins lumineuse, un masseur ayurvédique vous attend pour un massage traditionnel indien. Le principe ? Permettre aux *prānās* (énergie vitale) de circuler librement par le biais de pressions circulaires et glissées, de frictions, d'acupressions, mais aussi d'étirements.

Allongé confortablement sur une table de massage, sur le ventre et recouvert de serviettes chaudes, vous choisissez votre huile (sésame, coco...). Ensuite ? Plus qu'à fermer les yeux et profiter. Le massage débute par vos pieds. Talon, voûte plantaire, orteils, tout y passe. Ensuite, c'est au tour des mollets, des cuisses, puis du dos, des épaules et de la nuque. Les muscles sont travaillés longuement et en profondeur pour soulager les zones sensibles et tendues. Pour finir, le soin se concentre sur les bras, les mains et les doigts. Les pressions réduisent tension nerveuse, fatigue et stress. Une sensation d'apaisement envahit maintenant tout votre corps.

Un très bon préambule à la méditation, puisqu'il permet de se relaxer et de relâcher l'esprit. Juste après, buvez un grand verre d'eau et poursuivez le soin en infusant au bain nordique.

Le Barn (voir Jour 1) • Massages ayurvédiques : n° 5, 130 € (1h30) ou 100 € (1h) ; n° 6, 90 € (45 min).

LA SERRE

Plaisir gourmand sur place

Du jardin à l'assiette, il n'y a qu'un coup de fourchette ! Attablé sous la belle verrière, dégustez les produits frais et de saison, issus du potager voisin, des marchés ou de producteurs locaux. Le chef cuisine devant vous radis roses, asperges, céleris, fraises et rhubarbe, et élabore des recettes traditionnelles : blanquette de veau, poule au pot, gigot d'agneau ou poulet farci à la rôtissoire. Carte constamment renouvelée. Bonus : prendre un verre au bar ou dans le jardin d'hiver.

Le Barn (voir Jour 1).

L'ALCHIMISTE

Le siropier de Chevreuse

Basilic, menthe poivrée, citron, rose, pamplemousse, fleur de tiaré... des saveurs qui se reniflent, mais pas que ! Elles se sirotent également. Bienvenue dans l'atelier-boutique de Marc et Évelyne, deux artisans passionnés de sirops. Avec eux, vous apprenez à réaliser votre propre boisson et pourrez repartir avec. Sur place, dégustation et épicerie fine.

Chevreuse • 9, rue Lalande • 01 30 45 18 87 ou 06 98 79 80 67 • www.lalchimiste-artisan-siropier.com • Mer.-dim. 10h-12h30 et 14h-19h • Vis. gourmande + dégustation : 9 € (1h) • Atelier gourmand fabrication du sirop 28 € (2h).

JOUR 3

UNE ABBAYE LAPIS-LAZULI

Bijou de la vallée de Chevreuse, l'abbaye cistercienne des Vaux-de-Cernay a des airs d'Écosse ! Bâtie au XIIe s. par des moines cisterciens venus vivre en autarcie, elle a été rachetée par la baronne de Rothschild, à la fin du XIXe s. Grâce à la visite guidée, vous découvrez l'histoire de ce lieu spirituel. Des jardins, vous remarquerez sans doute ce joli bleu qui encadre toutes les fenêtres. Il n'a pas été choisi au hasard. En effet, le lapis-lazuli était, à l'époque, la couleur la plus chère à fabriquer ! Le point phare : la rosace qui trône en haut d'un pan de mur de l'église abbatiale.

Cernay-la-Ville • Domaine de l'Abbaye • 01 34 85 23 00 • www.abbayedecernay.com • Entrée 8 €, 10 € avec vis. guidée.

UN PETIT MOULIN

Au loin, à travers une forêt enchantée, allez vous réchauffer dans ce musée aux airs de dessin animé. Cueillette de champignons, balade par-dessus les cours d'eau et expédition culturelle sont au rendez-vous. Le musée raconte l'histoire de la vallée, sa formation géologique et sa grande influence artistique. Dans les années 1850, la ville devient l'endroit fétiche des peintres paysagistes : Corot, Huet, le Danois Krøyer, le Douanier Rousseau ou Pelouse, chef de file de la colonie établie sur place. Balade facile du Petit Moulin jusqu'à l'étang de Cernay par la route des Cascades (10 min).

Cernay-la-Ville • 3, route des Cascades, lieu-dit La Vallée • Mer. et sam. 14h-18h, dim. et j. fériés 10h-18h • 4 €.

YOGA SONORE

sur le lac du Bourget

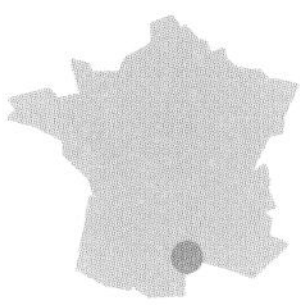

ACCÈS

En train | TGV Paris (gare de Lyon) - Aix-les-Bains (env. 3h) • TGV Annecy - Aix-les-Bains (57 min) • TER Lyon - Aix-les-Bains - (env. 1h).

DISTANCES

Annecy - Aix-les-Bains | 35 km.
Lyon - Aix-les-Bains | 113 km.
Marseille - Aix-les-Bains | 391 km.
Paris - Aix-les-Bains | 576 km.

SUP YOGA

- Aucune condition physique requise, sauf savoir nager.
- Tenue au choix : maillot de bain, legging, brassière...
- À emporter : casquette, crème solaire, lunettes de soleil et gourde d'eau.
- Paddle et pagaie fournis.

PÉRIODE IDÉALE

Yoga sur paddle | Les matins d'été, pour savourer la fraîcheur de l'eau et la douceur des températures matinales.
Aix-les-Bains | L'été pour un séjour couleur menthe à l'eau ; les ailes de saison pour savourer un week-end sans la foule.

LA VIE EST PLUS DOUCE au bord de l'eau. C'est pourquoi, ce week-end, votre spot « havre de paix » est la riviera des Alpes. En pleine Savoie, la jolie ville d'Aix-les-Bains s'anime au pied du lac du Bourget, le plus grand lac naturel de France.

Avec les montagnes en toile de fond, vous embarquez sur une planche de paddle pour une session de yoga originale. Inventé par les surfeurs yogis d'Hawaï, le SUP yoga est une manière ludique de réaliser les asanas (postures). Laissez-vous guider par Soren Misse, professeure de yoga, qui est aussi à l'aise sur un tapis que sur l'eau. Acclimatez-vous tranquillement à votre nouvel environnement aquatique. Petit à petit, votre équilibre s'améliore, votre esprit se reconnecte à la nature. Respirez, lâchez prise...

Profitez de votre séjour pour découvrir Aix-les-Bains et sa paisible vie lacustre. Sur les rives du lac du Bourget, prenez le temps de vous bichonner, le regard noyé dans le bleu des flots ou plongé dans un bon livre. Profitez d'une parenthèse bien-être pour vous détendre aux Thermes Chevalley, parfaire votre bronzage sur un bateau et, pour finir, explorer le charmant village de Chanaz.

OÙ DORMIR ?

MAISON LÉOPOLD

Hôtel 4-étoiles

Établies dans une ancienne maison bourgeoise de la Belle Époque, huit chambres luxueuses et intimistes. Escalier en marbre, mur en pierres apparentes, mobilier de designers ou pièces de déco chinées... chaque espace est unique. Vous êtes en plein centre d'Aix-les-Bains. Prenez place en terrasse, sous des oliviers et lauriers essaimés, et dégustez un bon petit déjeuner à base de produits locaux. En prime, la vue sur la vieille ville, ses remparts et le sommet savoyard de la dent du Chat.

Aix-les-Bains • 7, rue Davat • 04 58 17 17 18 • www.hotelmaisonleopold.com • Nuitée pour 2 pers. à partir de 180 €.

AUTRE HÉBERGEMENT

La Turquoise égarée | Bourdeau • 2900, route du Lac • 06 50 91 04 96 • www.laturquoise-egaree.fr • 165 €/nuit (2 pers.), incluant petit déj., accès au spa et à la plage.

JOUR

1

DANS LE GRAND BAIN

Aussi surprenant soit-il, le lac du Bourget, plus grand lac naturel de France, peut atteindre les 27 °C en été. On vous conseille d'y piquer une tête pour vivre un moment délassant. Et c'est prouvé, la qualité et les bienfaits des eaux d'Aix-les-Bains ont été récompensés : elle est labellisée « Ville santé » par l'OMS.

AIX-LES-BAINS BELLE ÉPOQUE

Empreinte de fêtes, de jeux et de lumières, la féerie d'Aix-les-Bains vous plonge directement à la Belle Époque. Des palaces au somptueux décor ont été édifiés au XIXe s. afin d'accueillir la société bourgeoise et les familles princières en cure thermale, pour les vacances.

Découvrez le prestigieux complexe Royal-Splendide-Excelsior, construit sur les hauteurs de la ville, et le Casino Grand Cercle. Dédié au plaisir et aux mondanités, c'est un must à voir, avec son théâtre, ses vitraux et ses deux magnifiques plafonds recouverts de mosaïque. Juste à côté, poussez la porte du Grand Hôtel, le premier palace aixois. Colonnes romaines, sol en marbre noir et blanc, verrière classée... coup de cœur pour cet atrium Belle Époque.

PANORAMA D'ANTHOLOGIE

À une vingtaine de minutes en voiture du centre, un incontournable point de vue vous attend. Le plus beau belvédère de la région, le col de la Chambotte, offre une pause contemplative époustouflant sur le lac du Bourget. Une fois sur le parking, prenez le sentier sur la gauche du restaurant, derrière la cabane de l'office de tourisme. Deux minutes après, effet waouh garanti !

THERMES CHEVALLEY

Buller en ville

Un leitmotiv : la détente. Pour cela, rien de mieux que de paresser aux Thermes Chevalley. Leurs sources naturellement chaudes et riches en oligo-éléments font la notoriété de la ville. Elles sont reconnues pour leurs propriétés thérapeutiques et rassérénantes. Après un enveloppement à la boue d'argile et un aqua-massage, enfilez votre peignoir. Direction le spa, avec vue grandiose sur le lac du Bourget. Profitez ensuite d'un moment de repos près des patios végétalisés ou rendez-vous à la tisanerie pour déguster une délicieuse infusion aux plantes détoxifiantes.

Aix-les-Bains • 10, route du Revard • Résa cures : 04 79 35 38 50 • Résa spa : 04 79 35 68 66 • www.valvital.fr • Accès à l'espace aqua-détente 10h-19h30 sans résa.

JOUR 2

YOGA SUR L'EAU

Un tapis ? Pour quoi faire ? Troquez-le contre un paddle ! C'est, en effet, au beau milieu d'un lac que votre séance de yoga se passe. Le SUP (Stand Up Paddle) est un support parfait pour s'évader loin du tourbillon de la ville, goûter à l'apaisement de l'élément aquatique et trouver l'équilibre, grâce à Soren Misse, votre professeure de yoga.

1, 2, 3, pagayez ! Vous voilà voguant sur les flots, apprivoisant ce nouveau destrier nautique. Une fois au milieu du lac, les postures s'enchaînent piano piano : le chat, la vache, le chien tête en bas, le cobra... Simples sur la terre ferme, mais qui nécessitent un réajustement constant, une présence à l'instant, pour ne pas finir à l'eau. Accompagné par les sons graves et hypnotiques des bols et tambours tibétains, que Soren fait vibrer, une sensation de bien-être vient délicatement vous envahir.

Clapotis, vibrations, postures, un environnement qui vous ouvre la voie de la détente. Vient ensuite le moment de *savasana*, la relaxation de fin. Dans un silence cristallin, vous flottez, bercé par les vaguelettes, le vent et le soleil.

École de ski nautique Aix'n'Ride | Aix-les-Bains • 06 51 89 58 73 • www.missesoren.wixsite.com/omlacyoga • Tte l'année, t.l.j. • 30-60 € (tarif réduit si vous venez avec votre paddle).

ADVAÏTA

Massages sonores

Offrez-vous un temps de profonde déconnexion en écoutant le son guérisseur des bols tibétains. À votre arrivée, un réel moment d'échange se crée avec la maîtresse des lieux, Estelle Rocheteau. Parlez du temps qu'il fait, de vos émotions, de vos sensations, bref, de tout ce que vous avez envie de partager.

Ensuite, un massage hors du commun vous attend. Au fil des mouvements et des sons, vous gagnez en énergie, en douceur et en joie. Plusieurs massages énergétiques sont proposés : ayurvédique, intuitif, aromathérapie et magnétisme, soin à l'huile de rose, etc.

Aix-les-Bains • 1, rue de la Chaudanne • 06 42 07 56 58 • www.advaita.fr • Lun.-sam. 10h-20h • Massage à partir de 75 €.

Ô LAC

Ambiance vacances à la plage

Cuisine gourmande aux notes asiatiques originales et détonantes. Dans l'assiette, produits locaux et de saison. Sandre à la grenobloise, filet de bœuf à la plancha, poke bowl, beignets de légumes ou encore tataki de thon. À savourer au bord du lac turquoise du Bourget. Prenez place sur la belle terrasse en bois, agrémentée de palmiers, de fleurs et d'oliviers, et délectez-vous de la vue sur la plage et les montagnes !

Chindrieux • 06 59 99 13 03 • www.complexe-olac.fr • T.l.j. 12h-21h30 • Menu 26-37 €.

JOUR 3

DÉTENTE SUR LE LAC

À bord, moussaillon ! Bercé par les eaux turquoise du lac du Bourget, vous partez à la rencontre de l'abbaye royale d'Hautecombe, ce fabuleux monument construit au XIe s. par les moines cisterciens. Ici reposent les comtes de Savoie et les derniers rois et reines d'Italie. Elle est accessible par la route, mais pour une arrivée spectaculaire, vous pouvez vous y rendre en bateau. Poursuivez ensuite la navigation sur le canal de Savières afin de rejoindre Chanaz, « Petite Venise » savoyarde.

04 79 63 45 00 • www.bateaux-aixlesbains.com • Croisière de 1h à 1 j. • À partir de 15 €/adulte • Tte l'année, f. 1er janv. et 25 déc.

VISITE DE CHANAZ

Un beau petit village traversé par le canal de Savières. Toitures couvertes de mousse, façades aux allures médiévales, petites échoppes artisanales... vous venez de remonter le temps ! Pour explorer les lieux, il suffit de vous laisser guider par les doux effluves qui embaument certaines ruelles. À ne pas manquer : le torréfacteur de Chanaz, le Moulin, Plantea, les Likoristes, la chocolaterie... bref, de quoi satisfaire pupilles et papilles !

Rens. : office de tourisme d'Aix-les-Bains - riviera des Alpes | 8, rue du Casino - allée du Grand Passage • 04 79 88 68 00 • www.aixlesbains-rivieradesalpes.com

SOPHRO-NATURE

sur la Côte de Nacre

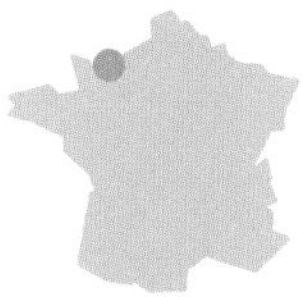

ACCÈS

En train | Ligne TER Paris (gare Saint-Lazare) - Caen (env. 2h).

En bus | Ligne Nomad liaison express Caen - Courseulles-sur-Mer en 30 min.

DISTANCES

Paris - Courseulles-sur-Mer | 250 km.

Caen - Courseulles-sur-Mer | 20 km (via N125 et D164).

Courseulles-sur-Mer - Saint-Aubin-sur-Mer | 6 km ; **Courseulles-sur-Mer - Luc-sur-Mer |** 10 km.

SORTIE « SOPHRO-NATURE »

- Prévoir une tenue confortable, des baskets à enlever facilement, une serviette de bain, de quoi s'hydrater et un en-cas.
- De mars à octobre. À la demande, sur réservation. Des créneaux hebdomadaires sont proposés pendant l'été.

PÉRIODE IDÉALE

Au printemps pour avoir la plage pour soi et profiter des stations fleuries ou à l'automne pour s'imprégner de la nature une dernière fois avant l'hiver.

AUJOURD'HUI RÉPUTÉE POUR SON AIR IODÉ, LA CÔTE DE NACRE déroule de petites stations balnéaires où règne une vraie douceur de vivre, mais comment ne pas aussi penser à tous les hommes qui ont débarqué et se sont battus ici ?

Ici, on est loin du tourisme de masse et il fait bon prendre son temps sur les plages de sable fin bordées de digues piétonnes et jalonnées d'emblématiques cabines blanches. Posez vos valises à Courseulles-sur-Mer, dynamique port de pêche. Promenez-vous à Saint-Aubin-sur-Mer, au charme Belle Époque, ou sur l'ultra-photogénique jetée en bois de Luc-sur-Mer… C'est ici, dans le secteur canadien des plages du Débarquement, qu'Estelle Isidor-Leroux, sophrologue diplômée et guide-conférencière, vous invite à lâcher prise.

Elle vous emmène en balade à Juno Beach, pour une séance de sophrologie en milieu naturel. À ses côtés, (ré)apprenez à respirer, réveillez vos sens, débarrassez-vous de vos émotions négatives… Et, sur ces plages marquées par l'Histoire, savourez une vraie sensation de liberté !

OÙ DORMIR ?

LE MARONI

Maison ancienne

Juste en face de l'église (qui ne sonne pas la nuit !), dans le centre historique de Courseulles-sur-Mer, cette maison du XVIIIe s. rénovée abrite cinq chambres, pour 2 à 5 pers. Romain, le propriétaire, a choisi de marier la pierre blonde de Caen à du mobilier moderne : charmant et chaleureux ! Le plus ? Un patio, où prendre son petit déj. et/ou profiter d'un moment de détente en fin de journée.

Courseulles-sur-Mer • 24, rue Amiral Robert • 06 37 88 99 68 • www.le-maroni.fr • Nuitée à partir de 65 €/2 pers. ; petit déj. 10 €.

LE MANOIR D'À CÔTÉ

Gîte de charme

Annexe de l'hôtel-restaurant La Pêcherie, cet ancien manoir normand classé et entièrement restauré abrite 10 chambres de charme, tout en pierre de Caen. Pour 2 à 5 pers. La mer est à 70 m.

Courseulles-sur-Mer • 14, pl. du 6 juin 1944 • 02 31 37 45 84 • www.la-pecherie.fr • Chambre confort 79-150 €, petit déj. 12 €.

JOUR 1

PREMIÈRES BALADES IODÉES À COURSEULLES-SUR-MER

Sentez l'air marin qui titille vos narines dès votre arrivée à Courseulles-sur-Mer ! Premier à avoir été libéré en juin 1944, son port vit aujourd'hui au rythme de la pêche. Chaque jour, maquereaux, bars, coquilles Saint-Jacques, etc., fraîchement débarqués, se retrouvent sur les étals du marché aux poissons. Une institution locale, à ne pas manquer ! Parcourez aussi l'île de Plaisance (derrière le port), le quartier ostréicole courseullais, et perdez-vous dans les ruelles pittoresques du « vieux Courseulles », qui a gardé des maisons en pierre de Creully. La jetée en bois et la plage sont, elles, propices à une grande balade au son des vagues.

Marché aux poissons | Quai des Alliés • T.l.j. 8h-13h tte l'année et à la journée en été.

LE CENTRE JUNO BEACH

C'est l'unique musée canadien de la Seconde Guerre mondiale en Europe, situé sur la plage où ils ont débarqué en juin 1944. Le centre Juno Beach expose de nombreux objets et propose des projections évoquant la participation du Canada sur différents fronts. Autour du centre, dans le parc Juno, découvrez bunkers et autres vestiges du mur de l'Atlantique. Des visites guidées sont assurées par de jeunes Canadiens. Vous pouvez aussi tester le « Juno Caching », un jeu de piste qui amène à en savoir plus sur le Débarquement, mais aussi sur la faune et la flore qui vous entourent.

Courseulles-sur-Mer • Voie des Français Libres • 02 31 37 32 17 • www.junobeach.org • Tte l'année (sf 24-25 déc. et 1er janv.) • Tarif : centre Juno Beach seul 7,50 € ; parc Juno seul 6 € ; centre + parc Juno 12 €.

DÉGUSTATION DE L'ÎLE

Huîtres et saveurs iodées

Goûtez la « Spéciale de Courseulles » et autres huîtres élevées en mer et affinées dans les parcs de la famille Benoist. Ce restaurant, face aux bassins, est une extension de cette entreprise ostréicole depuis trois générations. Plateaux de fruits de mer, poissons frais, saumon fumé maison complètent une carte inventive. Sympa, vous pouvez aussi prendre un cours de cuisine avec le chef Sébastien, qui vous apprend à ouvrir l'huître et à la cuisiner chaude... Dégustation en fin de séance !

Courseulles-sur-Mer • Route de Ver • 02 31 77 35 16 • www.restaurant-degustationdelile.fr • Mer.-dim. 12h-14h et 19h-21h • Menu 35 €, formule huîtres 10-21 € • Cours de cuisine : 30 €/pers., résa obligatoire, prévoir la matinée.

BAIN À LA CORDE

Les pieux en bois plantés dans le sable sont des vestiges des « bains de mer à la corde ». À l'époque, on ne savait pas nager... Ces pieux étaient alors reliés par de grosses cordes auxquelles les baigneurs s'accrochaient pour profiter des bienfaits de l'eau en toute sécurité.

JOUR 2

SOPHRO, LES PIEDS DANS L'EAU, SUR LA PLAGE DE JUNO BEACH

Aujourd'hui, déposez vos bagages… au sens figuré ! Estelle, sophrologue diplômée, vous propose d'atténuer stress, anxiété, colère… au grand air, le corps en mouvement et tous les sens en éveil.

La séance commence dans le parc Juno par un exercice d'ancrage et des étirements. Le dos, les jambes, le cou… Puis suivez votre guide en balade, à un rythme adapté, vers Juno Beach. En chemin, Estelle vous réapprend la respiration thoracique, celle qui permet d'oxygéner le corps. Vous toussotez ? C'est normal. Elle vous invite aussi à vous boucher les narines puis les oreilles, puis à fermer les yeux… pour mieux vous concentrer sur le bruit du vent, l'odeur de la nature, le mouvement de vos vêtements. Sur la plage, profitez d'un temps pour vous : tremper vos pieds, ramasser un galet… vous faites ce que vous voulez ! Le moment est venu de vous libérer émotionnellement.

Imaginez alors un grand sac dans lequel jeter ce qui vous a énervé les derniers jours, ce qui vous rend triste… Ainsi débarrassés, tous à l'eau pour un bain de jambes tonique et apaisant. Sur le chemin du retour, Estelle vous demande de résumer la séance en un mot-clé, secret. « Détente », « bleu », « calme »… Prenez trois grandes inspirations et soufflez !

Évasions Sophro Nature | 06 03 95 48 69 • www.sophro-nature-evasions.fr • Durée 1h30 • Distance de marche : 2-3 km • R.-v. : parking du centre Juno Beach • Tarif : 60 €/pers. ; 80 €/2 pers. ; 100 €/5 pers. • Limité à 12 places.

THALASSO DES 3 MONDES

Évasion des algues fraîches

Shojis qui laissent passer une lumière diffuse et tatamis en paille de riz pour les bains japonais. Murs en tadelakt et mosaïques pour le hammam marocain à l'eau de mer... Pour bien vous relaxer, vous avez le choix entre toute une gamme de soins asiatiques et orientaux. Laissez-vous aussi tenter par « la » spécialité de l'établissement : un bain au varech frais, une algue pêchée sur la plage, juste en face.

Luc-sur-Mer • 2, rue Guynemer • 02 31 97 32 22 • Rens. et horaires sur www.thalassodes3mondes.com • Tte l'année, 7j./7• Hammam 20 € seul, 60 € avec soins.

UNE BALEINE ÉCHOUÉE

Après la thalasso, baladez-vous à Luc-sur-Mer, station balnéaire trendy et animée toute l'année. Dans le parc de la mairie, vous pourrez admirer un squelette de baleine de 40 m et 18 tonnes (échouée sur la plage en 1885). Autre incontournable : la jetée des pêcheurs, le spot le plus « instagrammé » de la Côte de Nacre.

L'INÉLUCTABLE

Face à la mer

Un café-brasserie-salon de thé aux grandes baies vitrées qui donnent sur la mer, terrasse orientée plein sud, rooftop : voilà un chouette spot pour assister au coucher du soleil. À la carte : planches à partager, burgers, moules, fish and chips... tout est fait maison.

Luc-sur-Mer • 6, pl. du Petit Enfer • 02 31 97 16 62 • Facebook : L'inéLucTable • T.l.j. 8h30-21h30 • Moules 15-16,50 €, planches 12-26 €.

JOUR 3

FLÂNERIE DANS L'AMBIANCE BELLE ÉPOQUE DE SAINT-AUBIN-SUR-MER

Belle Plage, La Loggia, Les Hirondelles... Saint-Aubin-sur-Mer a conservé quelques villas Belle Époque, qui lui confèrent tout son charme rétro. Prenez le temps de flâner dans cet ancien hameau de pêcheurs, devenu une station balnéaire chic et courue avec la mode des bains de mer. Le baron Rotschild, Louis Pasteur ou Émile Zola figurent parmi ses hôtes célèbres... Profitez d'une balade avec vue mer sur sa digue piétonne ou installez-vous sur la terrasse d'un de ses cinq restos de plage. Empruntez aussi ses étroites venelles où les pêcheurs faisaient autrefois sécher leur filet. Typiques !

LE VALLON DE LA CAPRICIEUSE

Envie d'une chouette (et petite) rando 100 % nature ? Depuis Douvres-la-Délivrande, suivez la voie verte qui suit le ruisseau de la Capricieuse jusqu'à Luc-sur-Mer. Vous passez près d'un verger partagé et croisez moutons, chevaux, ânes... qui n'hésitent pas à s'approcher à votre passage. Au bout du vallon, vous arrivez sur le front de mer. 2,5 km aller (soit 5 km A/R), à parcourir à pied, à vélo, voire à trottinette. Notre conseil ? Combinez cette balade, le dimanche, avec un brunch au restaurant Les Bons Vivants, à Douvres-la-Délivrande.

Rando « Le Vallon de la Capricieuse » | 2,5 km (aller) • 30 min env. • Très facile • Fiche à télécharger sur Cirkwi ou disponible auprès des BIT de la destination Terres de Nacre (0,50 € la fiche).

Les Bons Vivants | Douvres-la-Délivrande • 75, rue du Général de Gaulle • 02 31 77 06 57 • www.bonsvivants-douvres.com • Mer.-ven. 12h-13h30 et 19h-21h, sam. 19h-21h, dim. 11h30-15h30 • Brunch du dim. 32 €/pers.

YOGA DANS LES CALANQUES
de La Ciotat

ACCÈS

En train | TGV Paris (gare de Lyon) - Marseille (3h) • Lille - Marseille (4h45) • Lyon - Marseille (1h40) | Puis TER Marseille - Toulon - Hyères - La Ciotat (env. 30 min).

En bus | Marseille (ligne 69) • Aix-en-Provence (ligne 72) • Cassis (lignes 69 + 68).

À noter | Depuis La Ciotat, la « route des crêtes » est une des plus belles de France. Attention : elle est fermée en cas de vents violents ou de journée classée rouge pour risque d'incendie. Suivez les alertes sur l'application « Mes Calanques ».

DISTANCES

Marseille - La Ciotat | 32 km.

Toulon - La Ciotat | 40 km.

Toulouse - La Ciotat | 438 km.

Paris - La Ciotat | 807 km.

YOGA AVEC NATHALIE

- Aucune pratique préalable n'est requise.
- Chaussures de sport pour la marche.
- Gourde d'eau, crème solaire et lunettes de soleil.

PÉRIODE IDÉALE

L'avant et l'arrière-saison : pour découvrir en petit comité le parc national des Calanques, particulièrement fleuri à cette époque.

DIRECTION LA MER, la douceur de vivre et les petits moments de plaisir. À La Ciotat, porte d'entrée des calanques et berceau de la pétanque, le farniente est un art qui se cultive toute l'année. C'est en Provence, tout près des calanques de Figuerolles et du Mugel, que Nathalie Péchinot propose ses séances de yoga.

Au petit matin, vous saluez l'astre solaire, accompagné par le bruit des vagues au loin et par l'odeur des pins d'Alep en contrebas. Son cours est dérivé du hatha yoga, où le corps et le mental se rejoignent afin de réduire stress et tracas. Au passage, grand bol d'air et renforcement du système digestif, nerveux et hormonal. En bref, vous faites le plein d'énergie ! On vous le dit : déconnexion, harmonie, vitalité et relaxation sont ga-ran-ties.

Pendant votre séjour, déambulez dans les jolies ruelles de La Ciotat qui mènent au turquoise des calanques ou aux abords du vieux port. Finissez en beauté et sillonnez l'île Verte, seul au bout du monde, ou presque !

JOUR 1

OÙ DORMIR ?

MAISON ACACIA

Studios d'hôtes

Tommettes, terracotta et patio, l'ambiance ciotadenne imprègne les quatre studios, lovés dans une maison de ville du XVIIe s. Concept store, chaque chambre est une boutique : vous pouvez acheter l'intégralité des objets, de la vaisselle à la déco, en passant par les luminaires et les savons. Vous séjournez en plein centre historique piéton, à deux pas du port, des plages et des calanques.

Pour les petits déj., rendez-vous au Café Acacia, juste à côté de la maison. Massage en option.

La Ciotat • 24, rue Gueymard • www.maison-acacia.com • Nuitée à partir de 99 €.

AUTRE HÉBERGEMENT

La Maison de Famille | Plusieurs hébergements dans La Ciotat • 06 31 14 21 73 • www.la-maison-de-famille.fr • À partir de 115 € la nuit (2 pers.), petit déj. au Café de l'Horloge à partir de 8,50 €.

LE VIEUX PORT ET SES RUELLES

« Peu de sites m'ont autant frappé, autant alléché dans mes voyages. C'est ce mélange parfait de grâce et de force qui forme la beauté accomplie dans l'harmonie des éléments », écrivait Lamartine du golfe de La Ciotat. Tout droit sortie d'un décor de cinéma, la ville défie les esprits carrés et conformistes. Aucune architecture ne contraste plus que le port de plaisance et ses alentours industriels. Là où tanguent tranquillement les barques colorées, de grands portiques blancs de chantier naval claquent sur le ciel azuréen. Un vestige historique qui sert aujourd'hui à restaurer les navires de luxe.

Pour sûr, le Port-Vieux de La Ciotat est le point de départ idéal pour découvrir la ville. Au hasard, piochez une ruelle et engouffrez-vous-y. Des maisons à trois niveaux aux balcons jaunes et volets bleus, du linge pendu aux fenêtres, des cafés, des acacias et des glaciers… Tout, ici, invite à la flânerie. Baladez-vous rue Adolphe Abeille, rue Gueymard, mais surtout autour de la petite place ombragée Sadi Carnot, bordée de boutiques et de magnolias centenaires.

Un stop obligatoire à L'Écume des Glaces, où un artisan glacier met tout son savoir au service de vos sens. Un grand oui pour le parfum fleur d'oranger, à déguster sur la terrasse, près du glouglou de la vieille fontaine.

L'Écume des Glaces | La Ciotat
• 8, pl. Sadi Carnot • 06 28 25 50 11
• Mar.-sam. 10h-17h, dim. 10h-15h.

CAFÉ DE L'HORLOGE

Café, pétanque et librairie

Sol en mosaïque, style vintage et objets chinés : dans le quartier historique, le Café de l'Horloge est une institution stylée. Il était tenu par les frères Pitiot, les inventeurs de la pétanque ! Thé gingembre-poire servi dans un ancien service à thé *so british,* cake de chez Minoofi, gaufres et limonade artisanales, brunch, bagels… à déguster tout au long de la journée. Du bio, du local et des propositions véganes. La bonne idée : des livres sur les tables et une librairie solidaire.

La Ciotat • 7, rue Albert et Georges Arnout • 04 42 83 00 43
• www.lecafedelhorloge.fr
• Ouv. 7j./7 de 7h30 (8h30 le w.-e. et l'hiver) à 19h.

LA CIOTAT – ACTION !

Pionniers de la photographie et du 7e art, les frères Lumière sont les premiers à avoir filmé La Ciotat : leur père y possédait une maison secondaire près de la promenade du bord de mer. *Arrivée d'un train à La Ciotat,* l'un des premiers films du cinéma, a été projeté en 1895 à l'Éden Théâtre. Restauré et rouvert en 2013, le cinéma se targue d'être le plus vieux du monde encore en activité.

JOUR

2

YOGA DANS LES CALANQUES

Sur les hauteurs de la jolie ville de La Ciotat, baskets aux pieds, vous êtes invité à vivre une expérience bien-être hors du commun. C'est au petit matin, à la chapelle Notre-Dame-de-la-Garde, que Nathalie Péchinot vous reçoit pour une séance de yoga sensoriel. Le but ? Dans un cadre magique, se laisser surprendre par les éléments naturels environnants et ne faire plus qu'un avec eux.

D'abord, en position assise et les yeux fermés, vous laissez retomber les tensions sur le tapis. Colonne vertébrale droite, alignée sur votre tête, le ciel et la terre. Traits du visage détendus. Écoutez votre respiration, prenez conscience de votre corps. Nathalie guide votre regard vers votre intérieur, là où tout se joue. L'essentiel est de réapprendre à respirer par le ventre. Naturelle, plus profonde, cette respiration permet d'oxygéner tout le corps et d'activer le système parasympathique.

Viennent ensuite les salutations au Soleil, pour retrouver énergie et dynamisme. Place à l'échauffement, chaque posture active un muscle. Vous apprenez l'équilibre, la force et la stabilité, mais aussi la confiance et le lâcher-prise. Pour finir, *shavasana,* une relaxation profonde, des orteils jusqu'au sommet du crâne. *Namasté !*

07 66 04 90 88 • www.yoga-with-nat.fr • Séance de 1h, de 7h à 8h du matin • 10 €/pers. pour la séance de découverte.

SPA Ô DE MER

Détente avec vue

Oubliez tout et profitez ! C'est l'alléchante promesse du Spa Ô de Mer avec son massage aux pierres chaudes, le ronron des vagues en fond sonore. Vous pouvez aussi vous détendre au sauna, hammam et jacuzzi : des offres associent les deux prestations. Reposez-vous sur un des transats, avec vue panoramique sur la baie de La Ciotat, face à la plage des Capucins. Seul, en duo ou entre amis (groupe de 5 pers. : privatisation).

La Ciotat • 373, av. Président Wilson • 04 42 82 33 06 • www.odemerspa.com • Massage 85 € (50 min) • Accès spa : 29 € (60 min) • Massage + accès spa en duo : 189 €.

LES 3 SECS

Restaurant les pieds dans l'eau

Une superbe adresse pour une pause gourmande sur le port de La Ciotat. Des recettes faites maison élaborées avec des produits frais et aux portions généreuses – comme l'accueil qui vous est fait. Ambiance bord de mer, aussi bien en terrasse que dans les assiettes : pizzetta aux anchois de Collioure, moules marinières, pavé de thon grillé, ou bien les classiques, pièce du boucher, burger et salade César. Mention spéciale pour les desserts !

La Ciotat • 8, quai Ganteaume • 04 42 98 69 01 • Ven.-mar. 12h-14h et 19h-22h.

JOUR 3

UNE ÎLE VERTE

Farniente : art de ne rien faire. Aujourd'hui, vous allez pouvoir le mettre en pratique. Vous partez en excursion sur l'île Verte. Posée à 500 m de La Ciotat, 10 min en navette suffisent pour s'y rendre. Sur place, le calme, les embruns et... les senteurs de pins. Coiffée d'une pinède, c'est la seule île du parc national des Calanques à être boisée. Baladez-vous sur les sentiers parfumés pour découvrir ses paysages naturels, ses eaux translucides et ses points de vue extraordinaires sur le bec de l'Aigle et la côte ciotadenne.

Navette au départ de La Ciotat (Port-Vieux) • Avr.-sept. • 06 63 59 16 35 • Aller-retour 13 €.

DE VERTS JARDINS

Envie de marcher pieds nus ? Direction les jardins de l'Espérance pour explorer un endroit unique, aux portes de La Ciotat. Dans ces espaces naturels pédagogiques gérés par une association engagée, le plaisir de jardiner se mêle aux pratiques écoresponsables. Sur place, on vous apprend à semer, tailler, greffer, utiliser du compost. Divisé en trois restanques (terrasses), le jardin a développé des outils et des parcours à destination des malvoyants ou des personnes à mobilité réduite. Ici, tout le monde peut profiter des sensations de bien-être qu'offre la nature.

La Ciotat • 582, chemin des Poissonniers • www.jardinesperance.org

MÉDITATION GUIDÉE

à cheval sur l'île d'Yeu

TRAVERSÉES

Au départ de Fromentine |
Compagnie Yeu Continent : toute l'année ; A/R à partir de 38 € ; durée 30-45 min ; 02 51 49 59 69 ; www.yeu-continent.fr
Compagnie vendéenne : mars-sept. + vac. de la Toussaint ; A/R à 42 € ; durée 1h ; 02 51 60 14 60 ; www.compagnie-vendeenne.com

Au départ de Saint-Gilles-Croix-de-Vie |
Compagnie Vendéenne : avr.-sept. ; A/R à 42 € ; durée 1h ; 02 51 60 14 60 ; www.compagnie-vendeenne.com

SE DÉPLACER SUR L'ÎLE

- Sur place, vous pouvez louer voiture, scooter... et surtout des vélos, le moyen idéal pour parcourir l'île. Résa fortement conseillée en saison estivale ; vélo à partir de 13 €/j.
- Service de bus ID Bus, quotidien, d'avril à octobre. Ticket : 2 € ; carnet de 10 tickets : 15 €.

MÉDITATION GUIDÉE À CHEVAL

- Pour tous, avec ou sans expérience d'équitation.
- Toute l'année à la demande ; reportée en cas de pluie.
- Casque fourni ; prévoir un pantalon confortable et des chaussures fermées.

PÉRIODE IDÉALE

Au printemps, avec le réveil de la nature, ou à l'automne, pour une expérience insulaire plus authentique. L'été, l'île est bondée.

PRENEZ LE LARGE SUR L'ÎLE D'YEU, une terre de « pêcheurs » aux airs de bout du monde, à une demi-heure de bateau des côtes vendéennes. Un « ailleurs » qui s'étend sur 9,5 km de long et 4 km de large seulement, mais qui offre une étonnante variété de paysages et des ambiances contrastées.

Imprégnez-vous de la joyeuse animation de Port-Joinville autant que de la tranquillité de ses villages et de ses hameaux de maisons basses aux volets colorés. À pied ou à vélo, parcourez sa côte alternant pointes rocheuses, criques et ports naturels bordés de typiques cabanes de pêcheurs. Perdez-vous aussi dans sa lande sauvage...

C'est là, dans l'odeur « noix de coco » des ajoncs, que ce séjour vous invite à vivre un moment hors du temps. Une balade méditative à cheval, guidée par Romane Lachaux, comportementaliste équin et coach, et qui se vit d'abord comme une rencontre avec un animal auquel vous ne pourrez pas cacher vos émotions et votre état d'esprit. Acceptez de vous laisser apprivoiser, abandonnez-vous aux mouvements de Touareg, votre monture, et à la cadence de ses pas... Partez aussi à la découverte de vous !

OÙ DORMIR ?

LES VILLAS DU PORT

Chambres avec jardin

Trois chambres d'hôtes avec leur jardin privé et deux suites avec jardin commun, dans des maisonnettes toutes blanches, selon l'architecture traditionnelle islaise. Couleurs douces et détails déco cosy. Prenez votre petit déj. sous une grande verrière et profitez d'un coin détente avec jacuzzi. À 400 m de la gare maritime de Port-Joinville, ce gîte de France est classé 5 épis.

1, impasse des Ramendeuses • 06 75 79 09 93 • www.lesvillasduport.fr • 15 mars-31 oct. • À partir de 95 €/nuitée (2 nuits min. le w.-e. et en haute saison), petit déj. et accès au jacuzzi inclus.

AUTRE HÉBERGEMENT

Sur le continent : Le Ceïtya | Saint-Gilles-Croix de Vie • 47, rue du Général de Gaulle • www.hotel-leceitya.com • Ch. à partir de 60 €.

JOUR 1

CURE D'EMBRUNS À PORT-JOINVILLE ET SUR LA CÔTE NOROIT'

Dès votre arrivée, mettez-vous à l'heure islaise. D'abord, un petit café en terrasse sur les quais animés de Port-Joinville, avec pour spectacle les allées et venues des bateaux. Les pêcheurs y débarquent lottes, soles, bars, araignées... à retrouver sur le marché qui se tient tous les matins, toute l'année. Faites le plein de saveurs iodées et d'autres spécialités locales ! Prenez aussi le temps de flâner dans les venelles du bourg, aux murs chaulés et maisons aux volets colorés. Puis, de la plage des Bossilles, filez sur la côte Noroit' (comprenez « nord-ouest ») jusqu'à la pointe du But (4 km aller). Une bonne cure d'embruns vous y attend... ainsi qu'un fabuleux coucher de soleil sur les récifs des Chiens Perrins, à l'horizon.

Marché de Port-Joinville, quai de la mairie • T.l.j. (sf lun. d'oct. à mars) 9h-12h30.

CHEZ MARTIN

Patagos-frites

Une institution locale, sans chichi... où vous pouvez goûter aux fameux patagos islais. Des coquillages endémiques aussi appelés « coques de Vénus », qui se préparent à la crème, comme les moules. Choisissez-les à l'ail, au curry ou façon grand-mère avec lardons et échalotes et... des frites. Beau choix de galettes et de crêpes également à la carte. Pas de réservation possible, arrivez tôt !

Port-Joinville • 18, rue de la République • 02 51 58 52 68 • Facebook : Crêperie chez Martin • De Pâques à la Toussaint : midi et soir ; t.l.j. pendant les vac. scol., f. le mar. hors vac. • Patagos : 23 €.

JOUR 2

BALADE MÉDITATIVE ET GUIDÉE À CHEVAL

Dans un coin préservé de l'île, entre Saint-Sauveur et la Meule, partez à la rencontre de Touareg, un superbe hongre blanc. Romane, comportementaliste équin et coach certifiée, assure les présentations. Votre compagnon « bien-être » du jour est à la fois hypersensible et instinctif, capable de capter toutes vos émotions. Idéal pour lâcher prise à ses côtés... ou plutôt sur son dos !

L'animal vous impressionne ? Gagnez en légèreté, tant sur le plan physique que mental, à la faveur de premiers exercices de qi gong. Prêt ? Pas de selle, vous vous installez sur un « surfait », une couverture qui offre les mêmes sensations que si vous montiez « à cru », le confort en plus. Tenez-vous aux poignets, deux-trois petits tours de terrain pour vérifier que vous êtes bien à l'aise... et c'est parti pour une balade méditative sur les sentiers de l'île. Selon, vous filez jusqu'au port de la Meule, au Vieux-Château ou sur la plage. Romane tient la longe et vous invite à échanger sur ce que vous voyez, ce que vous percevez...

Ressentez les frissons musculaires du cheval, sa respiration. Calez la vôtre sur la cadence des sabots sur le sol. Assez rapidement, vous osez même lâcher les poignets. Fermez alors les yeux et allongez-vous sur le dos de Touareg. Un pur moment de plénitude !

Caval'Coaching | 84 bis, rue du Mûrier • 06 71 87 52 22 • www.cavalcoaching.fr • Durée : 1h15 ou 2h15 • Possible en solo ou en duo • Tarif : 75-115 €/pers. selon durée.

198 MARCHES POUR UNE VUE IMPRENABLE

Ses lignes carrées sont typiques de l'architecture moderne du XXe s. Le Grand Phare a été bâti en 1950, à la place d'un ancien édifice détruit pendant l'Occupation. Haut de 41 m, il domine de 56 m la mer et ses 198 marches vous attendent pour atteindre son sommet. La vue d'en haut en vaut la peine !

Ker Gigou • Avr.-juin et sept. : lun. et ven. 10h30-13h, mer. 10h30-12h30 et 14h-17h, dim. 10h30-12h30 ; juil.-août : t.l.j. 10h30-12h30 et 14h-18h • Entrée 3,50 €.

LA SENTE DES OYES

Cinq itinéraires de Petite Randonnée sillonnent l'île. Suivez, par exemple, la « Sente des Oyes », pour une balade aux faux airs d'Irlande, entre falaises, lande rase et prés-salés. Du Vieux Château, longez la côte sauvage jusqu'à la pointe du Châtelet. Depuis cette avancée rocheuse, profitez d'un grand bol d'air venu du large... En contrebas, la plage des Sabias, avec ses cabanes de pêcheurs, pourrait vous donner des envies de baignade ! Dirigez-vous ensuite vers le Grand Phare, puis vers les hameaux de Ker Pissot et de Ker Chauvineau, où l'île dévoile un visage plus agricole. Chemins creux bordés de murets vous ramènent à votre point de départ.

Sente des Oyes, 9 km, env. 2h20.

LE BAR DE LA MEULE

Bar de pêcheurs "chic"

Cette annexe de l'hôtel de luxe Les Hautes Mers, soigne son look « bar de pêcheurs chic ». Lambris aux murs, tables et chaises en bois, ex-voto marins, vieilles photos... et aussi une belle terrasse aux beaux jours. Une adresse ultra bien placée pour boire un verre et grignoter avec vue sur le port de la Meule. Ceux qui ont envie de se faire plaisir peuvent aussi rester déjeuner ou dîner : patagos, moules, tartare de thon... à la carte.

149, rue de la Meule • 02 51 59 57 32 • T.l.j. 12h-23h mer. midi au dim. soir • Planche grignotage 16 €, plat 22-26 €.

JOUR 3

D'UN PORT À L'AUTRE À VÉLO

Enfourchez un vélo et faites le tour de l'île. Comptez 28 km et 4h30, pauses comprises... Le timing est trop serré avant le bateau du retour ? Une petite boucle de 14 km offre une bonne alternative. De Port-Joinville, rejoignez le fort de Pierre Levée, entouré de son bois classé en espace naturel. Puis sillonnez l'intérieur de l'île, via des chemins de traverse, jusqu'à la côte sauvage. Passez devant le Vieux-Château et l'incontournable port de la Meule, abri naturel encastré entre ses deux falaises... une pépite ! Faites une halte dans le village de Saint-Sauveur, vivant et authentique avec ses maisons regroupées autour de son église romane. Jetez un coup d'œil à ses fresques médiévales et revenez vers Port-Joinville. Voilà une balade de 2h30 qui vous donnera envie de revenir...

Carte de l'île avec circuits vélos recommandés, disponible à l'office de tourisme • Port-Joinville • 1, rue du Marché • Église Saint-Sauveur : t.l.j. 8h-18h.

MARCHE ET YOGA
dans la forêt de Saoû

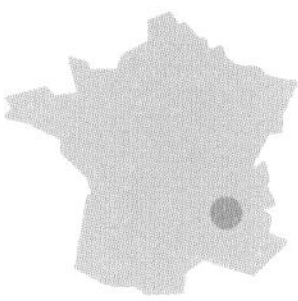

ACCÈS

En train | TGV Paris (gare de Lyon) - Valence (2h25) • Ligne TER Valence - Crest (30 min), à 15 km de Saoû.

En bus | Ligne D27 de la région Auvergne-Rhône-Alpes de Crest à Bourdeaux (environ 35 min depuis Crest).

DISTANCES

Lyon - Saoû | 147 km.
Marseille - Saoû | 197 km.
Paris - Saoû | 610 km.
Saoû - Dieulefit | 19 km.

YOGA NOMADE

Prévoir une tenue confortable et de bonnes chaussures.

PÉRIODE IDÉALE

Printemps, été, automne : chaque saison est différente, toutes réservent de belles surprises ! On évite seulement l'hiver...

DEUX PUISSANTES FORCES vont se combiner pour évacuer toutes vos tensions. La première est celle de la nature : comme lovée à l'intérieur d'une gigantesque muraille de pierre, la forêt de Saoû forme un ensemble géologique très particulier, que l'on nomme « synclinal perché ». Derrière ces mots savants, on découvre un site incroyable, au décor grandiose et aux vibrations singulières.

C'est ici que Florence vous attend pour une séance de YogiWalkie®. Mêlant marche et yoga, cette pratique permet de s'imprégner de l'environnement tout en exerçant son corps et son esprit : libération des toxines, oxygénation, ondes positives, méditation... Après 2h30, les énergies sont rééquilibrées, et le moral boosté ! Quoi de mieux, alors, que d'explorer plus profondément cette mystérieuse forêt grâce à une auberge insolite, lieu d'exposition (et de restauration) ?

Avant ou après, vous pourrez vous attarder au sympathique village de Saoû. Pour le reste du week-end, laissez-vous chouchouter à Dieulefit, entre spa, découverte de la céramique, emplettes à la ferme, balade au grand air...

OÙ DORMIR ?

BICOQUE

Maison d'hôtes littéraire

Au pays de Giono, laissez-vous guider par les mots. Dans les chambres simples et charmantes, autour du bassin de nage ou attablé à la table d'hôtes, savourez une atmosphère propice aux échanges, à la poésie et, pourquoi pas, à l'écriture inspirée ?

Dieulefit • 5, chemin de la Bicoque • 06 11 48 05 22 • www.bicoque.co • Nuitée à partir de 86 € (2 pers.) avec petit déj.

AUTRE HÉBERGEMENT

Hôtel La Cachette | Dieulefit • 33, rue Brun Larochette • 04 75 96 49 87 • www.hotellacachette.fr • Nuitée à partir de 105 € (2 pers.).

JOUR 1

PRENDRE SES QUARTIERS À DIEULEFIT

Appréciez ici une atmosphère authentique, à la fois vivante et créative. Au gré des ruelles et des passages se dévoile une belle architecture méridionale, relevée de maisons Renaissance, ainsi qu'un artisanat florissant. Certains perpétuent en effet l'art ancien de la céramique et l'on pousse avec bonheur la porte de leurs boutiques et ateliers. Pour une pause gourmande, installez-vous à la terrasse arrière du salon de thé Sauts et Gambades, qui a la bonne idée de faire aussi librairie (38, rue du Bourg) !

Rens. : www.dieulefit-tourisme.com

LA MAISON DE LA CÉRAMIQUE

Artisanat local

Héritier d'une longue tradition potière, Dieulefit raconte et poursuit cette histoire singulière. La maison qui lui est consacrée est également un lieu de formation. Après la visite, vous pourrez ainsi entreprendre l'un des nombreux « Ateliers terre » proposés : tournage, modelage, porcelaine, etc.

Dieulefit • Parc de la Baume, rue des Reymonds • 04 75 50 20 98 • www.maisondelaceramique.fr • Ouv. avr.-août • Entrée 4 € ; ateliers à partir de 42 €/3h (sur résa).

LE QUARTIER

Cuisine maison

Dans une salle à l'allure de bistrot ancien, relevé de détails dans l'air du temps, on déguste une cuisine maison, mitonnée par un duo mère-fille. Que du bon, du frais, du local. Et, en bonus, d'exquises gourmandises !

Dieulefit • 5, rue Justin Jouve • 04 75 52 27 91 • www.restaurant-le-quartier.com • Mar. soir-dim. midi • Menu 30 €, plats 20 €.

LE VILLAGE DE SAOÛ

Avec son décor cinématographique, Saoû mérite une halte. On y trouve une bonne table (L'Oiseau sur sa branche : 04 75 76 02 03 • http://saou-restaurant.fr), une sympathique épicerie (bio : 1, route de Bourdeaux • https://epiceriedesaou.fr), des jus de super fruits (Le Comptoir à Jus, 4 place de l'Horloge)... entre autres !

JOUR

2

YOGA NOMADE DANS LA FORÊT

Face à vous se dressent d'impressionnantes figures minérales, dessinant un paysage digne du film *Le Seigneur des anneaux*. Vous traversez le défilé du Pertuis, seule entrée du site, pour pénétrer dans cet énigmatique vaisseau de pierre, où se déploie la magnifique forêt de Saoû. Admirez. Inspirez. Les vibrations puissantes que dégage le lieu ne vous laisseront pas indifférent. Florence vous y attend, sourire aux lèvres. Libre de tout poids (pas de sac à dos !), vous cheminerez avec elle durant 2h30.

D'abord, on prend conscience de sa posture, puis on expulse, petit à petit, les toxines : nettoyage profond des poumons *(gandouch)*, rituel détox de la bouche *(nadi shodhana)*, respiration alternée par narine, circulation du *prâna*, l'énergie vitale... Votre corps se libère des tensions et s'emplit d'ondes positives. En adaptant certains exercices de Yoga à la marche, le YogiWalkie® permet de combiner les bienfaits des deux pratiques. Le souffle se règle sur le pas, la méditation devient nomade, la salutation au Soleil s'adapte à l'environnement. L'esprit se fait léger, prêt à embrasser les arbres « qui ont des yeux ».

Le parcours s'achève sous la végétation plus sombre et plus dense du versant nord, où l'on atteint l'arbre sacré, un hêtre majestueux. Sous ses branchages, vous sirotez une tisane aux plantes concoctée par Florence. Il n'y a plus rien à dire, vous êtes là, tout simplement.

Les Pieds sur Terre | Forêt de Saoû • 06 24 40 58 11 • www.lespiedssurterre-rando.fr • Durée 2h30 • 37-45 €.

AUBERGE DES DAUPHINS

La forêt expliquée

Pour s'attarder dans la belle forêt de Saoû, rendez-vous dans cette étonnante « folie » architecturale, sur le modèle du Petit Trianon de Versailles, mais version béton ! Transformée en Maison de site, tournée vers les rapports entre l'être humain et son environnement, sa mission ? Susciter l'émotion et inciter à la réflexion. Un bel objectif décliné en expositions et en programme d'animations (balades, ateliers, rencontres...). En bonus : un restaurant sur place, installé sous les anciennes dorures, où l'on sert une cuisine locale... en bocal !

Forêt de Saoû • 04 75 76 02 25 • https://aubergedesdauphins.fr • Ouv. avr.-oct. • Entrée 5 €, vis. guidée et animations 9 €.

JOUR 3

PROMENADE AUTOUR DE DIEULEFIT

Tout autour du village s'étend la belle campagne provençale, propice à des promenades bucoliques. L'une d'elles, « Entre lavande et châtaigniers », permet de partir à pied directement depuis Dieulefit (place de la Gare) à travers champs de lavandes, châtaigniers et pinèdes. Arrivé au hameau de Peulhiet, vous serez récompensé d'un beau panorama sur les montagnes alentour (10 km ; compter 2h30).

PAUSE BIEN-ÊTRE

Pour peaufiner l'effet du yoga nomade, rien de tel qu'une séance bien-être alliant hammam, sauna, jacuzzi et piscine (intérieure et chauffée). À cela vous pouvez ajouter un massage ciblé, comme le « tuina », axé sur la vitalité, ou l'« abhyanga », détoxifiant.

Spa de l'hôtel La Cachette (voir Jour 1) · 10h-17h, mer. et dim. jusqu'à 12h30, juil.-août t.l.j. 10h-19h · Accès 25 € (2h) ; massages à partir de 55 €.

CHEZ MON JULES

Escale champêtre

Jules a posé ses tables sous la tonnelle, dans le tranquille village de Vesc, avec vue sur les vignes et les oliviers. Il régale ses hôtes d'une cuisine locale, bio et préparée d'une main de maître. Si vous êtes bien, vous pouvez même y dormir.

Vesc • 5, rue Étienne de Vesc • 04 75 04 20 74 • www.chezmonjules.fr • Soir mar.-dim. et midi sam.-dim. • Menu dégustation 63 €, plats 23 € • Nuitée à partir de 100 € (2 pers.), avec petit déj.

LA CHÈVRE QUI SAOÛRIT

Un tour à la ferme

Envie d'une visite authentique ? Passez donc à la ferme pour emplir votre panier de bons picodons AOP bio (de délicieux petits fromages de chèvre). Vous pouvez même réserver une promenade avec Jojo, l'âne de la ferme !

Saoû · 180, route de Crest · 06 14 53 39 13 · www.chevrequisaourit.com · Balade avec un âne 35 €/demi-journée.

PADDLE YOGA SUR LE LAC DU SALAGOU

dans l'Hérault

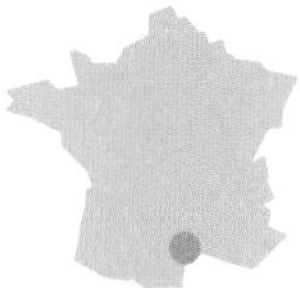

ACCÈS

En train | Gare TGV à Montpellier.

DISTANCES

Paris - Le Caylar | 680 km ; lac du Salagou : 710 km.

Montpellier - Le Caylar | 75 km ; lac du Salagou : 50 km.

Le Caylar - Lac du Salagou | 20 km ; Roqueredonde : 12 km.

PADDLE YOGA

- De mi-avril à mi-octobre ; à la demande et généralement le matin.
- Accessible aux débutants en yoga et en paddle.
- Tenue légère et confortable : maillot de bain, short, tee-shirt.
- Prévoir une serviette épaisse à poser sur le paddle.

AUTRES ACTIVITÉS

Attention, il peut faire très chaud, l'été, dans le cirque de Mourèze et au temple de Lérab Ling.

PÉRIODE IDÉALE

Au printemps pour admirer toute la palette chromatique autour du lac du Salagou, ou en septembre pour profiter de beaux jours et d'une quiétude revenue.

À EN COUPER LE SOUFFLE. Posez vos valises dans le pittoresque et paisible village du Caylar, sur le plateau du Larzac, et laissez-vous surprendre par des sites de l'arrière-pays héraultais aussi grandioses que dépaysants.

Au cours de ce séjour, vous voyagerez souvent loin, très loin... Au fin fond de l'Ouest américain dans le labyrinthe de roches dolomitiques du cirque de Mourèze ou sur les contreforts de l'Himalaya en récitant des mantras autour du temple Lérab Ling, à l'architecture typique des monastères tibétains... Voire sur la planète Mars près du lac du Salagou, cerné de collines de terre rouge.

C'est dans ce cadre magnifique que Sophie Albert, enseignante en yoga, vous propose de reprendre un peu votre respiration et de profiter d'un moment de bien-être en pleine nature. Inspirez, expirez et enchainez les postures de yoga au son des cigales... bercé par l'eau du lac sur un paddle. Promis, personne ne va tomber !

OÙ DORMIR ?

LE BARRY DU GRAND CHEMIN

Chambres au calme

Beaucoup de caractère pour cette ancienne ferme caussenarde qui abrite, au cœur du Caylar, cinq jolies chambres d'hôtes, pour 2 ou 3 pers. Vous y accédez par un jardin fleuri où des bains de soleil vous invitent à faire une pause. Les petits déj. sont servis dans une belle salle à la voûte de pierre typique de l'architecture locale. Pain frais, yaourts, confitures ou barres de céréales maison, fromages de pays... sont au menu. L'adresse fait aussi table d'hôtes, à la demande.

Le Caylar • 88, fbg Saint Martin • 06 31 22 66 14 • www.le-barry.fr • Nuitée à partir de 70 €/2 pers. • Dîner d'hôte 25 €/pers.

CHÂTEAU D'OLMET

Chic et abordable

De l'élégance et du caractère pour ces cinq chambres situées dans une belle demeure de 1850 et qui a conservé son cachet historique. Le plus : une piscine chauffée et exposée au soleil toute la journée ! Cette maison d'hôtes, à 20 min du lac du Salagou, est réservée aux adultes.

Olmet-et-Villecun • Le Village • 06 24 41 27 08 • www.chateau-olmet.com • Nuitée à partir de 115 € (petit déj. inclus, 2 nuits min. juin-sept.).

AU FOND DE LA MER AU JURASSIQUE

Difficile à croire, mais, dans les Causses, vous marchez au fond de la mer ! Formé à l'ère jurassique, ce plateau calcaire se trouvait alors sous les eaux. Il est constitué de sédiments marins qui se sont accumulés. Ayez l'œil lors de vos balades, fossiles et petits coquillages abondent dans la région.

JOUR 1

BALADE CAUSSENARDE AU CAYLAR

Bienvenue à la porte du Larzac. Perché à 740 m, Le Caylar est un village caussenard pittoresque et hors du temps. Franchissez le porche de la tour-horloge et baladez-vous dans la ville basse à l'ambiance médiévale. Au pied du beffroi, sur la place de l'Orme, ne manquez pas « L'arbre sculpté ». Berger, bélier, sanglier et autres figures creusés dans le bois évoquent la vie des Causses. Un parcours fléché vous mène au roc Castel, l'ancien château, qui domine le village. Attention, dans sa partie haute, le chemin est plutôt escarpé et peu ombragé. Prenez vos précautions (eau, chapeau...). Au sommet, entre terres cultivées d'un côté et chaos ruiniforme de l'autre... la vue est « waouh » !

O'RESTO

Le terroir à l'ardoise

Un petit resto convivial et une carte qui fait la part belle aux produits du terroir. À l'ardoise : viande de l'Aubrac, charcuterie aveyronnaise, fromages des Causses et du Larzac... C'est notamment l'occasion de goûter au fameux « aligot-saucisse » ! En salle ou, aux beaux jours, en terrasse sous « L'arbre sculpté ». Le vin aussi est local.

Le Caylar • 10, pl. de la République • 07 77 79 25. 80 • Mai-sept. : t.l.j. sf mar. midi et soir, dim. soir et lun. soir ; hors saison : t.l.j. (sf mar.). le midi et ven. et sam. soir • Assiette charcuterie 15 €, assiette fromage 16 €, aligot-saucisse 16 €.

JOUR 2

YOGA SUR L'EAU, DANS UNE CRIQUE SECRÈTE DU LAC DU SALAGOU

Rendez-vous à la baie des Vailhès, l'un des coins les plus sauvages du lac du Salagou. Enseignante de yoga, Sophie Albert vous attend pour un cours non pas sur un tapis... mais sur un paddle.

Trouvez votre équilibre le temps d'un petit échauffement. Une fois à l'aise, dans le sillage de Sophie, pagayez jusqu'à une crique secrète, à l'abri du bruit et des regards. Le paddle attaché à un arbre, pour plus de stabilité, le cours peut commencer. En position assise, prenez conscience de votre corps... et du cadre aussi. La terre rouge des collines, l'eau si claire qu'on aperçoit les poissons, les roseaux, le chant des cigales... Passez sur les genoux, pour la posture du chat : inspirez dos creux, expirez dos rond. Puis redressez-vous doucement pour une salutation au Soleil.

Les postures s'enchaînent ainsi, adaptées à votre niveau. Cobra, demi-posture de l'arc... pour les débutants. Guerrier, voire sur la tête pour les plus avertis. Sur votre paddle, vous avez non seulement l'impression de vous dépasser, mais aussi la satisfaction d'y arriver. Après un dernier exercice de respiration, allongez-vous sur le dos en shavasana et laissez-vous bercer par l'eau... Belle sensation d'être en harmonie avec la nature et avec vous-même.

Société Extra-Bien | Le Pouget • 06 74 07 58 36 • www.extra-bien.fr • Durée 1h30 (dont 1h de cours) • R.-v. à la base nautique du Salagou, baie des Vailhès, Lodève • Tarif 26 €/pers. (cours + paddle).

LE CIRQUE DE MOURÈZE

On pourrait se croire au Far West... Fruit du long travail de l'érosion, le cirque de Mourèze est un gigantesque chaos dolomitique. Des rochers blancs, pour certains aux formes évocatrices : ici un sphinx, là un berger, plus loin un ours ou encore un cerbère... Amusez-vous à les identifier, voire à en découvrir d'autres ! Plusieurs circuits balisés permettent de vous balader au cœur de ce labyrinthe naturel sans vous perdre. Pas envie de marcher ? Depuis le belvédère du parc des Courtinals, profitez d'un beau panorama à la fois sur le cirque et aussi sur le village de Mourèze. Lui aussi vaut le détour.

Accès au cirque et au parc des Courtinals, depuis le parking (3 €) situé à l'entrée du village de Mourèze.

LA GUINGUETTE DU RELAIS NAUTIQUE

Les pieds dans l'eau

Pas facile à trouver mais, en se fiant à votre app GPS préférée, l'impression d'arriver au bout du monde ! Près du lac du Salagou, sous une pergola en canisse, cette guinguette propose une cuisine plutôt élaborée, sur place, et de préférence avec des produits locaux. Toujours une viande et un poisson au choix, à l'ardoise. Dos de julienne, purée de carottes-fenouil et compotée de chou rouge ou encore gigot d'agneau, aubergine fondante et courgette rôtie à l'origan... par exemple. Vous pouvez aussi louer paddle, canoë ou bateau à pédales.

Octon • Route du Lac, rive d'Octon • 06 13 13 64 46 • Facebook : Guinguette du Relais Nautique • Juin-15 sept. : t.l.j. midi et soir, sf dim. soir • Plat 16-25 €.

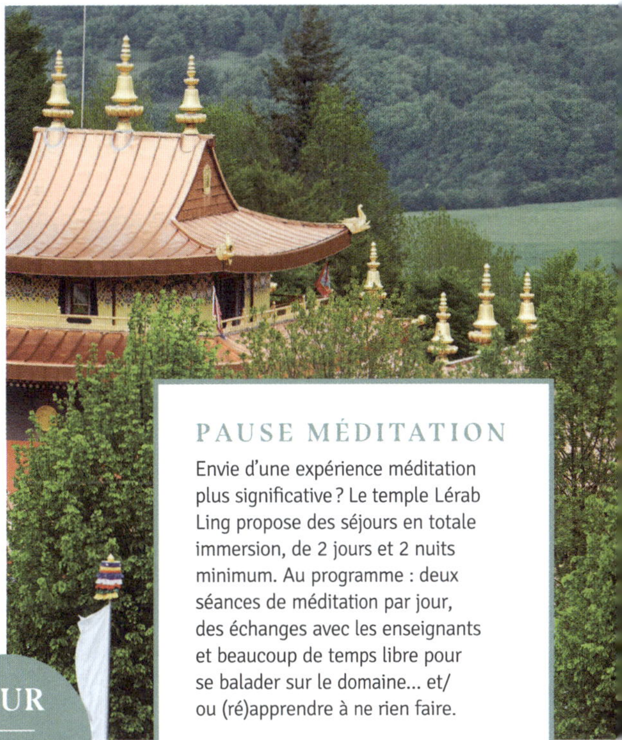

JOUR 3

PAUSE MÉDITATION

Envie d'une expérience méditation plus significative ? Le temple Lérab Ling propose des séjours en totale immersion, de 2 jours et 2 nuits minimum. Au programme : deux séances de méditation par jour, des échanges avec les enseignants et beaucoup de temps libre pour se balader sur le domaine... et/ou (ré)apprendre à ne rien faire.

Fin sept.-mi-juin • Rens. auprès de retraite.personnelle@rigpa.org

LA SÉRÉNITÉ DU TEMPLE BOUDDHISTE LÉRAB LING

L'Himalaya... dans le causse du Larzac ! Niché au creux d'un petit vallon, le temple Lérab Ling est un authentique temple traditionnel tibétain, riche en couleurs et symboles sacrés. Les visites du domaine, le dimanche, vous en ouvrent les portes... à condition d'enlever vos chaussures. À l'intérieur, saluez la grande statue de bouddha de 7 m de haut. Impressionnante. Faites aussi l'expérience d'une méditation guidée, assis sur un coussin ou une chaise. Les autres jours, profitez d'une balade aussi dépaysante que sereine. À défaut d'y entrer, faites alors le tour du temple et des deux stupas voisins (en forme de cône). Toujours dans le sens des aiguilles d'une montre et en récitant un mantra. Vous n'en connaissez pas ? Une prière ou une intention du cœur, ça marche aussi !

L'Engayresque | Roqueredonde • 04 67 88 46 00 • www.lerabling.org • Visites avr.-oct. : mar.-sam. ap.-m. en autonomie (accès au temple selon disponibilité) ; dim. ap.-m. en autonomie et sur résa (accès au temple et méditation inclus) • Annulation possible si retraite : toujours vérifier dates et horaires avant de venir (sur site Internet ou par tél.) • Tarif : dim. 8 € ; autres jours 5 € pour l'accès au temple, part. libre pour le jardin.

MÉDITATION ENTRE TERRE ET MER

à l'abbaye de Lérins

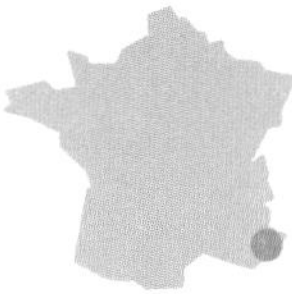

ACCÈS

En train | Paris (gare de Lyon) - Cannes : 6h15 • Lyon (gare Part-Dieu) - Cannes : 3h55 • Marseille - Cannes : 2h15.

PRATIQUE

- Depuis Cannes, seule la compagnie Planaria assure la liaison vers Saint-Honorat toute l'année. Il faut compter entre 15 et 20 min de traversée.
  Horaires et tarifs : www.cannes-ilesdelerins.com/fr/billetterie/#horaire
- Pas de liaison entre les îles Saint-Honorat et Sainte-Marguerite. Il faut retourner à Cannes et reprendre un bateau.

DISTANCES

Nice - Cannes | 34 km.
Marseille - Cannes | 175 km.
Lyon - Cannes | 447 km.
Paris - Cannes | 908 km.

À SAVOIR

- Privilégier le printemps ou l'automne pour éviter l'affluence record...
- Prévoir de quoi rapporter vos déchets, car il n'y a pas de poubelles sur l'île.
- Prévoir des chaussures adaptées pour marcher dans les rochers et accéder aux petites criques sauvages (sandales type Méduse).
- Le silence est d'or ! Soyez discret lors de vos déplacements sur l'île.

PARFOIS, FACE AU FRACAS DU MONDE, il est tentant d'errer en solitaire, de se mettre en retrait. Et si, le temps de quelques heures ou quelques jours, vous faisiez l'expérience du silence ? Loin de l'agitation de la Côte d'Azur, et pourtant à quelques encablures seulement de Cannes, l'ile Saint-Honorat préserve depuis 1 600 ans sa vocation monastique. Encore aujourd'hui, les seuls habitants sont une vingtaine de moines cisterciens, qui font vivre l'abbaye de Lérins, où ils accueillent les visiteurs. Sur ce confetti de 40 ha baigné par les eaux turquoise de la Méditerranée, venez partager le quotidien des frères, vivre en méditation et en silence.

Mais séjourner sur l'île Saint-Honorat, c'est aussi se laisser porter par un cadre naturel enchanteur : emprunter le sentier du littoral, humer les odeurs de lavande, d'eucalyptus, découvrir en chemin des chapelles, des fours à boulets datant de l'époque napoléonienne, avant de dénicher des criques sauvages et de plonger dans la belle bleue.

Vous pourrez également profiter de ce séjour pour découvrir Sainte-Marguerite, la deuxième île de l'archipel de Lérins, plus grande que Saint-Honorat. Elle abrite le fort royal, devenu légendaire pour avoir abrité la cellule du prisonnier au masque de fer...

OÙ DORMIR ?

HÔTELLERIE DE L'ABBAYE

Une nuit hors du temps

En chambre individuelle (avec salle de bains partagée) ou double (avec salle de bains), offrez-vous une nuit hors du commun au sein de l'abbaye de Lérins. L'hébergement est simple, mais l'atmosphère du lieu vaut bien tous les palaces de la riviera. Pensez à apporter vos draps ou sacs de couchage et serviettes de toilette.

Île Saint-Honorat • 04 92 99 54 20 • https://abbayedelerins.com • Pas de tarif imposé • 2 nuits minimum.

HÔTEL MONTAIGNE & SPA

Sur le continent

Une adresse de 96 chambres fonctionnelles mais agréables, idéalement placée et abordable, en plein cœur de Cannes. Au spa, hammam, piscine intérieure avec nage à contre-courant, douche multijets.

Cannes • 4, rue Montaigne • 04 97 06 03 40 • www.hotel-montaigne.com • Ch. double à partir de 97 € (sans petit déj.).

JOUR 1

L'INSTALLATION À SAINT-HONORAT

Le tapis rouge et les paillettes de la Croisette sont derrière vous. Votre nouvel horizon : l'île Saint-Honorat, la plus petite des îles de Lérins, un archipel unique posé sur les eaux bleues de la Méditerranée. Après une rapide traversée, vous voilà dans un autre monde. À peine arrivé, et déjà l'envie de s'élancer et d'explorer ce grain de beauté préservé classé Natura 2000.

Depuis le débarcadère, le chemin de ronde permet de faire le tour de l'île. Comptez 2h (3 km) pour découvrir les trésors historiques. L'île ne compte pas moins de sept édifices religieux, dont la chapelle Saint-Sauveur, qui date du XIe s., mais aussi l'incontournable église de l'abbaye de Lérins et l'ancien monastère fortifié qui semble flotter au milieu des flots. En cours de restauration, il ne se visite pas mais peut s'admirer depuis le sentier. Entre deux visites, comment résister à l'appel des eaux cristallines qui ourlent Saint-Honorat ?

LA TONNELLE

Déjeuner avec vue

Que les indécis se rassurent, ici pas besoin de tergiverser sur le choix du restaurant : il n'y en a qu'un seul. Sur une grande terrasse ombragée surplombant des eaux turquoise, on se régale d'une cuisine éclectique aux accents méditerranéens. Les fleurs de courgette côtoient aussi bien un filet de loup de mer qu'une paella ou qu'un cheeseburger. Le tout arrosé de vins et liqueurs produits par les moines.

04 92 99 54 08 • T.l.j. 12h-14h30 • Menu (sf w.-e. et j. fériés) entrée-plat-dessert 40 € • F. déc.-mi-avr.

Pour une addition un peu moins salée, on opte pour le snack Les Canisses, qui propose sandwichs, salades, glaces et desserts à emporter ou à manger sur place.

T.l.j. 9h-17h30 • F. déc.-mi-avr.

LA CROISETTE SANS TAPIS ROUGE

Les pèlerins qui souhaitaient s'embarquer pour l'île Saint-Honorat se retrouvaient à la pointe de la presqu'île de Cannes, autour d'une petite croix, la croisette, qui donna ensuite son nom au célèbre boulevard du front de mer.

JOUR

2

UN JOUR À L'ABBAYE

Dans un cadre de rêve, entre bleu azur et vert des pins parasols, dans ce lieu chargé d'histoire et de spiritualité, vous allez vous extraire du tourbillon de la vie, goûter aux joies du silence, propice à la quiétude et à l'apaisement. Bienvenue pour ce voyage à l'intérieur de vous-même.

Déjà, au Ve s., le moine Honorat avait choisi cette île sauvage pour y vivre en ermite puis fonder un monastère. Depuis lors, l'île n'a cessé d'attirer les pèlerins du monde entier. Les moines y vivent depuis le VIIe s. selon la règle de saint Benoît : *ora et labora,* autrement dit « prière et travail ».

Après avoir été guidé par l'un des moines, vous pourrez commencer votre chemin intérieur. Dans le parc surplombant la mer, dans la bibliothèque ou dans votre chambre, à votre guise vous méditerez ou lirez. Que vous soyez croyant ou non, vous aurez la possibilité de participer aux prières et aux messes.

Séjourner à l'abbaye, c'est aussi participer à la vie du monastère par certaines tâches, comme la vaisselle, la mise du couvert, le nettoyage des chambres ou des parties communes. Point d'orgue de cette journée : le dîner pris dans le réfectoire. En silence toujours.

Abbaye Notre-Dame de Lérins | 04 92 99 54 00 • https://abbayedelerins.com • Accueil lun.-sam. 9h30-11h15 et 14h30-16h30, dim. 11h15-12h15 et 14h30-16h30.

LE BON VIN DES MOINES

Depuis 1990, les cisterciens ont fait revivre le vignoble de 8 ha au centre de l'île avec pour ambition de produire un vin d'excellence. En rouge et blanc uniquement. Vendanges, vinification, élevage, vieillissement, mise en bouteille : les frères réalisent eux-mêmes toutes les étapes de la production. Et tout en bio !

Chaque premier vendredi du mois, une visite du vignoble suivie d'une dégustation est organisée.

JOUR
3

UN JOUR À SAINTE-MARGUERITE

Si votre escapade en terre méditative vous laisse une furieuse envie de reprendre le large, retour à Cannes et, dans la famille des îles de Lérins, demandez la grande sœur : Sainte-Marguerite. Avec ses 21 km de sentiers bordés de pins d'Alep et d'eucalyptus, l'île est un paradis pour les promeneurs.

Vous pourrez en faire le tour (7 km) avant de vous jeter dans les eaux cristallines de la Grande Bleue. Enfilez masque et tuba, et partez admirer l'incroyable biodiversité marine : poissons, étoiles de mer et coquillages. Ou, sinon, offrez-vous une pause en lézardant sur les rochers. Si vous n'êtes pas trop plage, filez plutôt à l'étang du Batéguier, repaire des amoureux d'ornithologie. Un observatoire a été aménagé pour observer les hôtes de l'étang. Pensez à prendre vos jumelles.

Les passionnés d'histoire ne seront pas en reste. Le fort royal, qui trône majestueusement au nord de l'île, construit sous Richelieu et renforcé ensuite par Vauban, a servi de prison d'État avant d'abriter le musée de la Mer. Le clou de la visite ? La geôle de l'illustre prisonnier au masque de fer.

Musée de la Mer | 04 89 82 26 26 • Entrée 6 € • Gratuit 1er dim. du mois nov.-mars • Gratuit tte l'année - 18 ans et étudiants jusqu'à 26 ans.

OÙ PRENDRE LE BATEAU ?

Différentes compagnies assurent le transfert depuis Cannes (15 min), Mandelieu-la-Napoule (25 min) ou Nice (1h).

LE LÉRONOS

Pause pique-nique

À la sortie du débarcadère, pans-bagnats, sandwichs, salades, glaces et boissons. À emporter pour grignoter face à la mer, bercé par le bruit des vagues et le chant des cigales.

T.l.j. 8h-19h • F. après vac. de Toussaint jusqu'à mi-mars.

LE CIS ÎLES DE LÉRINS

Les jolies colonies de vacances

Envie de dormir dans un monument historique ? Le fort royal abrite l'unique lieu d'hébergement de l'île Sainte-Marguerite, le Centre international de séjour. L'été et durant les vacances scolaires, il accueille des colonies de vacances, vous ne pourrez donc y séjourner que les week-ends entre mars et octobre. On repassera pour l'ambiance intimiste, puisqu'on dort dans des chambres de 3 ou 8, mais quelle chance de pouvoir profiter d'une douce soirée sur l'île et d'un réveil avant l'arrivée des touristes !

Île Sainte-Marguerite • www.cannes-jeunesse.fr/cis

MARCHE AFGHANE

en baie du Mont-Saint-Michel

ACCÈS

En train | Avranches se situe sur la ligne Caen-Rennes.

DISTANCES

Paris - Avranches | 330 km.
Avranches - Dragey-Ronthon | 15 km ; Champeaux : 20 km ; pointe du Grouin sud : 9 km ; Mont-Saint-Michel : 28 km.

MARCHE AFGHANE

- Assurée de Pâques à La Toussaint mais, sauf grosse intempérie, possible toute l'année à la demande.
- Prévoir vêtements et chaussures confortables, adaptés à la météo, crème solaire, casquette.
- Apporter une serviette et de l'eau.

MARÉE

Horaires à consulter sur www.ot-montsaintmichel.com

PÉRIODE IDÉALE

- Au printemps (hors j. fériés de mai) : beaux jours, beaucoup de fleurs, d'odeurs et d'oiseaux.
- À l'automne : lumières magnifiques sur la baie.
- En hiver (hors fêtes de fin d'année) : pour se sentir seul au monde et si on aime la météo tonique.

TOUS LES CHEMINS MÈNENT AU MONT-SAINT-MICHEL !

Sortez des sentiers battus et adoptez le rythme des caravaniers afghans, capables de marcher des jours et des heures durant, sans marques de fatigue. Leur secret : coordonner leurs pas avec leur respiration.

Avec Myriam Bierjon-Gerbaud, praticienne en bien-être, découvrez les vertus bienfaisantes et régénératrices de la marche afghane. Vous retrouvez du souffle et de l'énergie, apaisez votre mental… sans jamais quitter des yeux la Merveille de l'Occident. Pendant tout ce séjour, profitez d'ailleurs de points de vue variés et saisissants sur ce Mont-Saint-Michel et sa baie, classés au Patrimoine mondial de l'Unesco. Des hauteurs de la jolie ville d'Avranches, perchée sur sa colline, comme des falaises de Champeaux sur « le plus beau kilomètre de France » ou encore depuis la pointe du Grouin sud où mascaret et soleil couchant assurent le grand spectacle.

En traversant la baie, à pied et obligatoirement avec un guide certifié, c'est alors dans les pas des pèlerins que vous marcherez… Une expérience unique !

OÙ DORMIR ?

LE DOMAINE DE PIVETTE

Cocons en bois

Un coin de campagne à 800 m du centre historique d'Avranches. Virginie et Guillaume vous proposent deux Pod, des petites cabanes en bois, *made in* France, toutes rondes, toutes douillettes... avec leur terrasse privative et la clim réversible pour y être bien, en été comme en hiver. Une spacieuse chambre d'hôtes est aussi dispo. Le plus du domaine ? Un espace bien-être, incluant un sauna avec une bulle panoramique sur la nature... Top pour décompresser !

Avranches • 69, rue du Commandant Bindel • 06 98 18 26 55 • www.domaine-pivette.fr • Nuitée, le w.-e. : Pod à partir de 120 € ; ch. d'hôtes à partir de 100 € • Espace bien-être : 20 € les 2h.

LA VILLA DE LA PLAGE

Maison d'hôtes

Une chambre (pour 2 pers.) et trois appartements (pour 3 à 5 pers.), à la déco design et cosy, dans une grande maison d'hôtes avec pierres apparentes et bardage en bois. Sauna (sur résa), grande terrasse, jardin sont à disposition. Table d'hôtes à la demande.

Dragey-Ronthon • 1, route de la Plage • 07 50 32 17 07 • www.villadelaplage.com • Nuitée : ch. à partir de 90 € ; appart. à partir de 100 €.

JOUR

1

AVRANCHES, PROMONTOIRE SUR LA BAIE

Perchée sur sa colline, Avranches vous offre votre première vue sur la baie du Mont-Saint-Michel. Elle est même panoramique depuis le Jardin des plantes, où l'on se balade au milieu des camélias, rhododendrons, cèdres du Liban et tout un tas d'autres arbres remarquables. Un vrai petit havre de paix !

Prenez aussi le temps de flâner au gré des ruelles et placettes pleines de charme de la vieille ville et découvrez son riche patrimoine : les remparts, le château, la basilique Saint-Gervais, mais aussi un authentique char Shermann issu du bataillon du général Patton. Au Scriptorial, plongez dans l'histoire du Mont-Saint-Michel en relisant les anciens manuscrits des moines copistes. Un précieux trésor !

Jardin des plantes | Pl. Carnot • Accès libre tte l'année.

Scriptorial | Pl. d'Estouteville • 02 33 79 57 00 • www.scriptorial.fr • T.l.j. sf dim. et lun. d'oct. à mars et lun. d'avr. à sept. ; f. en janv. • Entrée 8 €.

LA PAUSE DES GENÊTS

Resto-boutique

Dans ce resto, les tables sont dressées au milieu d'une boutique déco, façon cabinet de curiosités ! En rayon, des fleurs, des luminaires, des coussins... et aussi des créations locales qui inspireront des cadeaux-souvenirs à ramener. Côté cuisine, créative, le poisson a la part belle, avec souvent une touche asiatique. Vous pouvez aussi vous installer sous la tonnelle ou dans un coin du jardin.

Genêts • 11, rue de l'Entrepont • 02 33 89 72 38 • Facebook : La Pause Des Genêts • Été : mer. soir-dim. soir ; hors saison : jeu. soir-dim. soir ; f. en nov. • Menu 25 € (sf j. fériés, à la carte).

JOUR

2

MARCHE AFGHANE SUR LA PLAGE

3-1-3-1. Non, ce n'est pas un code secret, mais la respiration de base, en quatre temps, de la marche afghane. Myriam Bierjon-Gerbaud, relaxologue et guide, vous initie sur la longue plage dunaire de Dragey-Ronthon à cette pratique inspirée des Magyars. Des nomades afghans capables de voyager à pied sur plus de 60 km par jour, pendant des dizaines de jours et toujours d'un pas alerte... Rassurez-vous, vous n'aurez pas besoin d'en faire autant pour ressentir les effets positifs !

Face au Mont-Saint-Michel, relâchez d'abord les tensions dans vos chevilles, hanches, poignets, épaules, crâne... puis marchez en prenant conscience de la position de vos pieds, des mouvements de vos bras, du vent, du bruit de la mer.

Myriam vous invite ensuite à synchroniser vos pas sur votre respiration : trois pas en inspirant, un pas en bloquant, trois pas en expirant, un pas en bloquant. L'apnée, c'est « la » valeur ajoutée de la marche afghane ! Poumons pleins, elle permet de mieux nourrir les cellules en oxygène. Poumons vides, elle calme le rythme cardiaque et participe à la détente.

C'est aussi un vrai exercice de concentration : idéal pour lâcher « le petit vélo » qui trotte dans la tête ! Régénéré et apaisé, profitez d'une dernière médiation guidée... avec toujours vue sur la baie.

Arbre Étoilé | 07 86 00 92 99 • Durée : env. 2h • R.-v. : parking de la plage de Dragey Ronthon • Tarif : 10 €/pers. sur des créneaux définis ou 125 €/ séance à la demande (10 pers. max.).

UNE VAGUE DÉFERLANTE

Le mascaret est une vague qui s'engouffre dans la baie du Mont-Saint-Michel une seule fois avant la haute mer. Le meilleur moment pour l'observer ? Le soir, par jour de grande marée et/ou vent d'ouest. Postez-vous sur la pointe du Grouin sud, 1h30 à 2h avant la pleine mer et laissez-vous surprendre par cette lame d'eau qui arrive à toute vitesse !

LES FALAISES DE CHAMPEAUX

On le surnomme « le plus beau kilomètre de France » ! Et pour cause, sur les falaises de Champeaux, hautes de 70 m, le GR223 offre des points de vue spectaculaires sur la baie du Mont-Saint-Michel. Admirez les reflets changeants sur l'eau au fil des heures et de la marée, les dessins des bancs de sable à découvert... Vous pourrez peut-être même apercevoir des phoques ! Les plus courageux peuvent suivre le sentier côtier jusqu'à la pointe du Grouin sud (env. 15 km). Au coucher du soleil, les couleurs sur la baie y sont magnifiques !

Accès par la route de Sol-Roc, à Champeaux. Parking à proximité.

LA GRANGE DE TOM

Bistrot avec vue

Déco champêtre pour ce bistrot, à deux pas des falaises de Champeaux. En salle comme sur la terrasse, vous êtes aux premières loges pour contempler la baie du Mont-Saint-Michel. Côté cuisine, le fait maison est une priorité. Amateur de poisson ou de viande, chacun y trouve son compte. La bavette Black Angus est grillée dans la cheminée !

Champeaux • 40, route des Falaises • 02 33 61 85 52 • Facebook : La Grange De Tom • Mer. midi-dim. soir • Menu 28 €.

JOUR 3

LES PIEDS DANS LA TANGUE

Aujourd'hui, à la manière des pèlerins qui affluent chaque année vers le Mont-Saint-Michel, mettez les pieds... dans la tangue ! À savoir la boue marine qui couvre toute la baie. Remontez vos bas de pantalon, enfoncez-vous dans les sables mouvants et approchez doucement de l'îlot de Tombelaine et du Mont... Traversez la baie, pieds nus, est une expérience vraiment magique. Mais aussi dangereuse : à ne jamais tenter sans un guide certifié. Ils sont nombreux à proposer de vous accompagner, avec chacun leur spécialité. Naturaliste, historique, insolite, spirituelle... faites votre choix !

Traversée de la baie : départ possible des Genêts, du bec d'Andaine, de la pointe du Grouin sud... Liste des guides sur www.ot-montsaintmichel.com

LE MONT-SAINT-MICHEL, SANS LA FOULE

Vous voulez profiter du séjour pour visiter la Merveille de l'Occident ? Certes grandiose, le Mont-Saint-Michel est aussi le 3e site touristique de France... En été, et si vous y tenez vraiment, mieux vaut vous y rendre tôt le matin ou en soirée. En hiver, en revanche, le Mont retrouve une certaine quiétude et vous l'aurez rien que pour vous (ou presque). C'est alors un vrai plaisir de flâner dans ses ruelles médiévales, ses escaliers... Grimpez aussi jusqu'à l'abbaye, chef-d'œuvre d'architecture religieuse, et profitez d'un moment hors du temps !

Parkings à 2,5 km du Mont, navettes gratuites ttes les 12 min, de 7h30 à 00h45.

Abbaye du Mont-Saint-Michel : tte l'année • Entrée : 11 € ; visite libre t.l.j. (réserver un créneau) ; parcours commenté, 7 départs/j., du lun. au ven.

ON SE CONNECTE *à la nature*

CUEILLETTE SAUVAGE
dans le Médoc

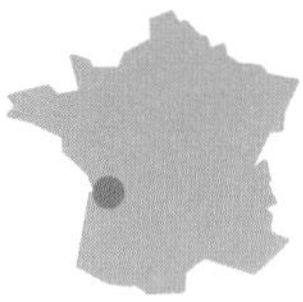

ACCÈS

En train | TGV Paris (gare Montparnasse) - Bordeaux, puis location de voiture.

DISTANCES

Bordeaux - Saint-Estèphe | 49 km.

Clermont-Ferrand - Saint-Estèphe | 426 km.

Paris - Saint-Estèphe | 575 km.

Saint-Estèphe - Saint-Sauveur | 12 km.

SORTIE CUEILLETTE SAUVAGE

- Prévoir des vêtements confortables pour la marche.
- Toute l'année.

PÉRIODE IDÉALE

- On peut pratiquer la cueillette sauvage en toute saison.
- Au printemps, on profite du réveil de la nature ; à l'automne, on observe le changement des couleurs ; en été, on profite des fleurs ; et, en hiver, on se penche sur les racines et les écorces.

OBSERVER, SENTIR, TOUCHER, écouter, goûter aussi : reconnectez-vous à vos sens pour vous reconnecter à la nature. Bienvenue en Médoc, un bout de terre que le monde entier nous envie. Et pour cause. Cette terre bercée par l'estuaire de la Gironde, le plus grand d'Europe, et bordée d'un parc régional offre au visiteur une nature généreuse, entre terre et mer. Sans oublier ses paysages viticoles et ses terroirs d'exception. La seule évocation du nom « Saint-Estèphe » fait déjà chavirer les amateurs de bons flacons.

C'est au cœur de cette nature si singulière que Séverine Bosq, paysanne-herboriste, tient à transmettre son amour du monde végétal. Toute l'année, elle vous emmène pour une cueillette sauvage à la rencontre des plantes, de leurs histoires, de leurs mythes aussi. Lors de cette promenade en forêt, en bord d'estuaire ou dans les prairies, Séverine nous invite tout d'abord à nous mettre à l'écoute du monde végétal, avec humilité et empathie.

Prenez toute la mesure du rythme des saisons, mais aussi de la vulnérabilité du monde vivant. Acceptez ce qui est et ce qui n'est plus. Une ode au lâcher-prise...

OÙ DORMIR ?

CHÂTEAU PAPOUNAN

Dans les vignes

En plein cœur des vignes, Stéphanie Hardy ouvre les portes de sa charmante propriété familiale. Parquet, pierre blonde apparente, cheminée et déco sobre pour les quatre chambres d'hôtes ultra-spacieuses. Vous apprécierez le petit déjeuner maison, servi en terrasse sous la glycine. Le soir, Stéphanie reçoit à sa table autour d'une cuisine simple et familiale.

Saint-Estèphe • 1, rue des Écoles • 06 59 05 20 47 • stephhardy@outlook.fr • Nuitée à partir de 82 € (1 pers.) • Dîner 22 €.

LA HOURQUEYRE

Halte bucolique

En plein cœur du parc naturel régional du Médoc, Corinne ouvre les quatre chambres de sa maison de famille du XIXe s. L'adresse idéale pour une halte en toute simplicité. Une fois par mois, elle donne aussi des cours de cuisine végétarienne et végétalienne.

Saint-Yzans-de-Médoc • 42, rue de la Hourqueyre • 05 56 09 05 10 • www.lahourqueyre.fr • À partir de 82 €/2 pers. (petit déj. inclus).

JOUR 1

DÉCOUVERTE DE SAINT-ESTÈPHE

Entre vie fluviale et viticole, Saint-Estèphe incarne l'art de vivre médocain. Offrez-vous d'abord une promenade dans le village pour visiter l'église Saint-Étienne, dont l'intérieur constitue un des plus beaux ensembles baroques du Médoc. Avant de vous élancer à pied, à vélo ou en voiture à travers les vignes et les châteaux, arrêtez-vous d'abord à la Maison du vin de Saint-Estèphe.

LA MAISON DU VIN DE SAINT-ESTÈPHE

Le repaire de Bacchus

Pour en apprendre davantage sur le village, les possibilités d'excursions, la diversité des vignobles et des châteaux… Des dégustations de vins gratuites sont également proposées toute l'année, avec la possibilité de rencontrer les vignerons et les propriétaires.

https://saint-estephe.fr • 1er juil.-15 sept., lun.-sam. 10h-19h ; reste de l'année, voir site • F. tous les dim. et j. fériés ainsi que Noël-Jour de l'an.

VIE DE CHÂTEAU

Avec une soixantaine de propriétés, l'appellation Saint-Estèphe est à taille humaine. Impossible évidemment de visiter tous les châteaux, mais en voilà quelques-uns qui méritent le détour.

Il y a le Cos d'Estournel, dont l'étonnante architecture aux influences asiatiques avait déjà intrigué Stendhal. Le château Lafon-Rochet, reconnaissable à sa façade jaune or. Ou encore les châteaux Le Bosq, Montrose et Meyney, qui offrent d'impressionnantes vues sur l'estuaire. Sans oublier le château Ormes de Pez, incontournable du paysage viticole du Médoc depuis le XVIIIe s.

CHÂTEAU DOYAC

Pizza chic

Depuis 2016, Max et Astrid de Pourtalès, propriétaires de ce « cru bourgeois » du Haut-Médoc, ont entamé la conversion de leurs 27 ha de vignobles en bio. Ce couple de passionnés propose une visite (7 €/45 min) pour découvrir les principes et les outils de la biodynamie. Astrid est intarissable sur ses recettes de tisanes, l'usage des plantes et des minéraux pour prendre soin de sa vigne. Le plus : la possibilité de poursuivre la dégustation autour d'une pizza maison avec vue sur le chai à barriques.

Saint-Seurin-de-Cadourne • 05 56 59 34 49 • chateau.doyac@wanadoo.fr • Lun.-ven. 8h30-17h • Soirée pizza 20 €/pers. (à partir de 4 pers.), résa 48h à l'avance.

L'ART DE LA PÊCHE

Juché sur de grandes pattes, doté d'un ponton avancé sur le fleuve et équipé d'un grand filet carré, le carrelet jalonne les berges de l'estuaire de la Gironde. Désignant à la fois la cabane sur pilotis, le filet et le poisson, le carrelet est un incontournable du patrimoine médocain où se retrouvent familles et amis pour une partie de pêche. Même si de nombreuses espèces ont quasi disparu, on trouve encore des crevettes, mulets, anguilles et lamproies.

JOUR
2

ODE AU VÉGÉTAL

Foisonnant de formes de vie, il donne à voir l'infini grand et l'infini petit… Le monde végétal est non seulement le lieu de toutes les beautés, mais aussi une source d'inspiration et de respiration. Véritable miroir tendu à l'homme, il nous reconnecte à l'essentiel. Avec Séverine Bosq, paysanne-herboriste diplômée en biologie végétale, partez pour 3h de balade à la découverte de la cueillette sauvage.

Sur les bords de l'estuaire, en forêt ou en prairie, imprégnez-vous d'abord du lieu, prenez le temps d'observer, de sentir, de vous immerger. Partir pour une cueillette sauvage, c'est un état d'esprit. Ne rien prévoir. Et accueillir ce que la nature a à offrir. Au gré des saisons, Séverine vous guidera auprès des plantes en révélant leurs langages, secrets et vertus ; elle-même se forme sans cesse aux savoirs liés aux plantes. Vous apprendrez, par exemple, que le tilleul sauvage n'est en fleur que durant trois jours, que dans la tradition druidique il est le symbole de l'amour, de la réconciliation et de la médiation. Très attentive à l'environnement, Séverine partagera également les règles d'or d'une cueillette respectueuse et en toute sécurité.

La Ferme d'Hortélie | Saint-Sauveur • En face de la plaine des sports de la Garosse • 06 33 88 65 43 • www.fermehortelie.fr • Balade et cueillette 3h - 15 € • Tte l'année • Possibilité de s'inscrire à des ateliers après la cueillette pour transformer les plantes : cuisine, santé, cosmétiques.

LA GUINGUETTE AU BORD DE L'EAU

Le déjeuner des canotiers

Depuis 2010, la famille Pasquale est aux manettes de cette guinguette posée en bord d'estuaire. Au menu : moules-frites, charcuteries régionales, comme le grenier médocain, mais aussi de bons poissons pêchés le matin même. Gardez de la place pour une note sucrée : tous les desserts sont faits maison. Mention spéciale pour les crêpes de Gaëtan, l'un des deux fils des propriétaires. À déguster à toute heure de la journée.

Saint-Seurin-de-Cadourne • Rue du Port • 06 14 94 35 25 (résa recommandée) • Juin et sept. dim.-jeu. 11h-17h, ven.-sam. 11h-21h ; juil.-août t.l.j. 11h-22h • Menu entrée-plat-dessert 15 €.

JOUR
3

LA TENTATION D'UNE ÎLE

L'estuaire de la Gironde, le plus vaste d'Europe, possède une dizaine d'îles. Celle de Patiras constitue une escapade dépaysante le temps d'une journée. Au départ de Blaye ou de Pauillac, vous embarquez pour une croisière sur les eaux troubles de la Gironde. Direction Patiras. Une île dont l'histoire remonte au XVIIe s. sous le règne de Louis XIII et qui aurait servi de dépôt sanitaire pour les bateaux des colonies qui y débarquaient les marins malades pour une période de quarantaine.

Aujourd'hui, ce sont les visiteurs en grande forme qui s'apprêtent à avaler les 133 marches du phare de Patiras, construit d'abord en bois en 1860 et resté en activité jusqu'en 1993. Là-haut, le panorama s'ouvre sur le vignoble médocain, les forteresses Vauban et l'estuaire agité.

Après la visite du phare, direction le refuge de Patiras, où François Foutrier vous attend. Seul habitant des îles de l'estuaire, il a choisi sur le tard cette vie en solitaire, officiant à la fois en tant que gardien du phare, marin et cuisinier. Il vous accueille en ami, distillant à chacun anecdotes sur l'histoire de l'île et sur sa vie si particulière au milieu de l'estuaire. Chef cuisinier, il fait tout maison, travaille avec le dernier pêcheur de Pauillac et tente des expériences avec les plantes sauvages, comme ce beignet à la farine de pois chiche et à la feuille de figuier. Après le déjeuner, installez-vous dans les chaises longues pour profiter encore du charme du lieu avant de remonter à bord et de revenir à la terre ferme.

De mi-avr. à fin oct., croisière commentée au départ de Blaye (45 min) ou de Pauillac (15 min), visite du phare et déjeuner • 69 €/pers. • Juil.-août mer.-dim. ; sept. ven.-dim. ; avr.-oct. w.-e. uniquement • www.refugedepatiras.com

OBSERVATION DES GRANDS DAUPHINS

et des phoques gris en mer d'Iroise

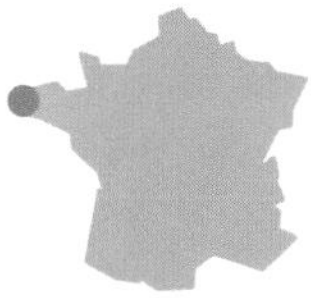

ACCÈS

En train | Lignes LGV Paris-Brest (3h25).

En bus | Breizh Go, ligne 11 Brest-Le Conquet.

DISTANCES

Paris - Brest | 580 km.

Brest - Le Conquet | 27 km.

Le Conquet - Plougonvelin | 3,5 km par la route touristique.

EXCURSION EN BATEAU

- Sortie d'avril à octobre et selon les conditions de navigation : annulation si trop de vent (même sous le soleil !). Un SMS de confirmation est envoyé la veille de la sortie.
- Mieux vaut réserver 4 à 5 jours à l'avance, surtout en période estivale.
- Prévoir des vêtements chauds et étanches, même si la météo est favorable (il fait toujours plus froid en mer), crème solaire, lunettes de soleil et une protection pour votre appareil photo.
- Le bateau est un semi-rigide, de 10 m, avec 12 places assises sur sièges jockey (en forme de selle avec un dossier). Déconseillé si vous souffrez de problèmes de dos importants. Les femmes enceintes ne sont pas admises à bord.

CAP SUR L'OUEST TOUTE !

Sur sa pointe du Finistère Nord, la plus occidentale de France, Le Conquet fait face à la mythique mer d'Iroise. Là où se mêlent les eaux de la Manche et de l'Atlantique et non sans tumulte. Ce brassage constitue un vrai garde-manger pour toute une faune marine.

Embarquez avec des guides passionnés et partez à la rencontre des deux espèces les plus emblématiques de la mer d'Iroise : les grands dauphins et les phoques gris qui ont leur quartier dans l'archipel de Molène. Rien de plus magique que de voir ces animaux sauvages évoluer en toute liberté. Une approche qui se fait en douceur... D'ailleurs, ce sont plutôt eux qui vont décider de venir vous voir tout près du bateau. Émotions garanties !

Profitez aussi de ce court séjour pour découvrir certaines des sentinelles qui veillent sur cette mer d'Iroise réputée difficile à la navigation. C'est là qu'on trouve la plus forte concentration de phares en Europe. Dont le phare de Saint-Mathieu, à l'avant-poste sur son promontoire rocheux.

OÙ DORMIR ?

SAINTE-BARBE HÔTEL&SPA

Au-dessus de l'océan

Un hôtel 5-étoiles, tel un vaisseau tout de verre et de béton érigé à flanc de rochers. Pas de jaloux, on profite de la vue à couper le souffle sur la mer d'Iroise depuis chacune des chambres et suites. La nuit, le ballet lumineux des phares vous sert même de veilleuse... Pour profiter à fond de l'expérience, offrez-vous un soin au spa marin et goûtez à la cuisine iodée du restaurant gastro. Depuis le rooftop, les couchers de soleil sont magiques !

Le Conquet • Pointe de Sainte-Barbe • 02 98 48 46 13 • www.hotelsaintebarbe.com • Nuitée à partir de 180 €.

LA VINOTIÈRE

Ambiance bord de mer

Beaucoup de charme pour cette demeure d'armateur reconvertie en hôtel chaleureux, à l'esprit « bord de mer ». Au petit déj. ou à l'heure du thé, près de la cheminée, savourez gâteaux maison et spécialités locales et artisanales. Dans la tourelle, le jacuzzi vous invite à relâcher la pression !

Le Conquet • 1, rue Lieutenant Jourden • 02 98 89 17 79 • www.lavinotiere fr • Nuitée à partir de 70 €, petit déj. 12 €, spa 8 €/pers. (30 min).

JOUR 1

FLÂNERIE DANS LES RUELLES ET SUR LES QUAIS DU CONQUET

Au bout de la France, Le Conquet a tout du port breton typique. Dans la matinée, installez-vous tranquillement dans votre hébergement et appréciez un petit moment de détente au spa, pour bien vous mettre dans le bain ! Puis perdez-vous dans un dédale de ruelles pentues aux maisons en grès et aux jolies petites boutiques. Elles débouchent sur les quais qui, en fin d'après-midi (en semaine), s'animent avec le retour de pêche des fileyeurs, ligneurs... Un vrai spectacle. Le port du Conquet est notamment réputé pour les poissons nobles et crustacés. Commandez une langouste ou un tourteau au dîner !

L'ÎLETTE

Shopping local

Plein d'idées cadeaux-souvenirs dans ce concept store qui respire les embruns. Orientée « mer », cette boutique déco-art de la table-mode fait la part belle aux créations bretonnes. Craquez pour un coussin « Le Conquet », un tee-shirt « homard », une affiche « Pointe Saint-Mathieu » ou la toile d'un artiste du coin.

Le Conquet • 2, rue Lieutenant Jourden • 06 82 37 24 32 • www.boutique-lilette.company.site • Mar.-dim.

LA CORNICHE

Gastro iodé, suspendu au-dessus de l'océan

Le Sainte-Barbe Hôtel & Spa ressemble à un vaisseau tout de verre et de béton, érigé à flanc de rochers. Goûtez à la cuisine iodée de son restaurant gastronomique ouvert aux extérieurs. Avec à la carte : plateaux de fruits de mer, homards, poissons nobles... en provenance directe du port du Conquet. La vue est, elle, à couper le souffle sur la mer d'Iroise. Depuis le rooftop, les couchers de soleil sont aussi magiques !

Le Conquet • Pointe de Sainte-Barbe • 02 98 48 46 13 • www.hotelsaintebarbe.com • T.l.j. midi et soir • Assiette de fruits de mer 29 €, menus 42-75 €.

JOUR 2

SORTIE BATEAU EN MER D'IROISE

Rendez-vous au port du Conquet, avec les guides d'Archipel Excursions. Gilet de sauvetage enfilé, embarquez à bord d'un semi-rigide de 12 places pour une sortie au plus près des phoques gris et des grands dauphins en mer d'Iroise. Vos chances de rencontre sont estimées à 99 % ! Avant de partir, votre capitaine, Lucky, vous explique ce qui rend exceptionnelle la mer d'Iroise : ses courants redoutés, ses champs d'algues, ses phares mythiques... Votre guide est passionné et passionnant ! Passez d'abord près du phare de Kermorvant, qui surveille l'entrée du port du Conquet, et approchez le phare de la pointe Saint-Mathieu. Encore plus majestueux vu de la mer ! Puis, bien accroché à votre siège, cap vers l'île Béniguet dans l'archipel de Molène.

Au loin, apercevez vos premiers phoques gris qui, après une nuit de chasse, font la sieste sur leur reposoir. Les plus curieux vont venir pointer leur museau tout près du bateau. Selon l'heure, le sens du vent, Lucky sait à peu près où trouver les grands dauphins. Une dorsale apparaît, puis deux, puis trois... et la magie opère. Si en plus, ces grands dauphins vous régalent de belles pirouettes ! Signataire d'une charte de bonne conduite, votre guide respecte une observation douce : 15 min max. par groupes de cétacés croisés et toujours à bonne distance. Selon la saison, fous de Bassan, sternes, pingouins torda et autres oiseaux marins vous accompagnent pendant la balade. Elle s'achève avec un détour par le phare des Pierres Noires, un « enfer » pour ses gardiens. À ses pieds, on se sent tout petit !

Archipel Excursions | Port du Conquet • 06 99 85 47 45 • www.archipelexcursions.com • Durée 1h30-2h • R.-v. 20 min avant d'embarquer • Horaire de départ fixé selon la marée (sortie en basse mer) • 55 €.

LE PARADIS, LE PURGATOIRE ET L'ENFER

Joyaux de la mer d'Iroise, ses phares se classent en trois catégories, selon les conditions de vie autrefois réservées à leur gardien. « Paradis » pour ceux construits sur la côte, « Purgatoire » pour ceux situés sur une île proche et « Enfer » pour les phares érigés sur un roc en pleine mer. Le gardien y restait isolé pendant des semaines avant d'être relevé, dans des conditions parfois dantesques !

PRESQU'ÎLE DE KERMORVAN

Grand bol de nature assuré sur cette pointe rocheuse, à deux pas du Conquet. Enfilez de bonnes chaussures pour arpenter le sentier côtier qui en fait le tour. Tout au long, profitez d'un paysage sauvage et de vues sympas sur le port du Conquet, les îles Molène et Ouessant ou sur la grande plage des Blancs-Sablons, spot prisé des surfeurs. Isolé au bout de la presqu'île, le phare de Kermorvan balaie la mer d'Iroise du haut de ses 20 m.

Accès à pied par la passerelle du Croaë.

LE CHENAL

Conviviale et mythique

Une institution en pays d'Iroise. Cette ancienne salle de bal populaire est aujourd'hui à la fois une librairie axée voyage, une galerie d'expo photos, un salon de thé et un resto... avec vue mer ! Dans les assiettes, une cuisine entièrement maison, à base de poissons, mais pas que. Des concerts animent régulièrement les soirées, en toute convivialité.

Porspoder • 13, rue du Port-Melon (à 30 min. de route du Conquet) • 02 98 89 54 36 • www.lechenal.fr • Mer., jeu. et dim. 10h-19h ; ven. et sam. 10h-22h • Menu : 27 €.

JOUR 3

BALADE SUR LA POINTE SAINT-MATHIEU

Prenez un bon petit déj. : 163 marches vous attendent pour atteindre le chemin de ronde du phare Saint-Mathieu. À 58 m au-dessus du niveau de la mer, la vue est impressionnante sur les îles Molène, Ouessant, le goulet de Brest... Vous pouvez même apercevoir quelques dauphins qui jouent dans les vagues. Baladez-vous autour de ce phare légendaire accolé aux ruines d'un monastère bénédictin. Suivez, par exemple, le circuit Saint-Mathieu qui emprunte le GR34 sur 9 km. Si vous n'êtes pas pressé, attendez la nuit pour assister au ballet lumineux des phares et des balises de la mer d'Iroise. Un vrai show !

Phare Saint-Mathieu | Plougonvelin • Pointe de Saint-Mathieu • 02 98 89 00 17 • www.pays-iroise.bzh/loisirs/patrimoine/32556-saint-mathieu-plein-ouest-la-ou-tout-commence • Visite l'ap.-m. : vac. scol. printemps, Toussaint et Noël ; mai le w.-e. ; juin et sept. t.l.j. sf mar. ; juil.-août t.l.j. ; nocturnes à certaines dates en été • Entrée 3,50 € (phare + musée).

HOSTELLERIE DE LA POINTE SAINT-MATHIEU

Étoile et bistrot

Une adresse deux en un. On se fait plaisir côté restaurant étoilé avec la cuisine de la mer fine et inventive de Nolwenn Corre. Langoustines (et artichaut), daurades de petit bateau (et chou kale), homard, Saint-Jacques, etc., à déguster au cœur des murs en pierres apparentes d'une belle maison du XIVe. Côté brasserie, le Bistrot 1954 propose en continu salades, burgers, assiettes de fruits de mer, glaces... et une vue « waouh ».

Plougonvelin • 7, pl. Saint-Tanguy • 02 98 89 00 19 • www.pointe-saint-mathieu.com/fr et www.restaurant-pointe-saint-mathieu.com/fr • Restaurant : menus 64-97 € ; ouv. mer.-dim. (et mar. soir en juil.-août) • Bistrot : plat 17 € ; menu 33 €.

BAIN DE FORÊT
à Compiègne

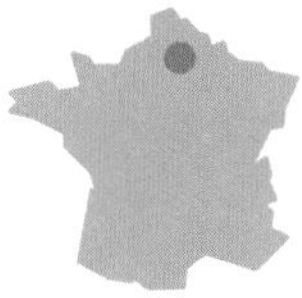

ACCÈS

En train | TER Paris (gare du Nord) - Compiègne (env. 1h).

En bus | De Compiègne (gare) vers les cabanes de Coucoo : ligne 665 : gare de Compiègne - gare Saint-Léger-aux-Bois, dir. Carlepont.

DISTANCES

Paris - Compiègne | 75 km.

Lille - Compiègne | 150 km.

Metz - Compiègne | 290 km.

Compiègne - Saint-Léger-aux-Bois | 15 km.

PRATIQUE

Cabanes Coucoo | Ouvertes de mars à fin novembre.

- Vertige ? Toutes les cabanes sont construites au sol ou sur pilotis (pas très haut).
- Pas de Wifi.
- Toilettes sèches dans les cabanes Robinson, normales pour les Canadiennes.

À EMPORTER

Histoire d'arbres - Sylvothérapie | Baskets, T-shirt manches longues et pantalon couvrant.

PÉRIODE IDÉALE

Compiègne | Toute l'année.

Histoires d'arbres - Sylvothérapie | Toute l'année.

Cabanes Coucoo | Printemps et automne, pour apprécier les arbres en fleurs et les feuilles rouge orangé. L'été, pour être au frais.

UNE CACHETTE POUR LE WEEK-END ? En s'échappant de l'autoroute, suivez les panneaux « grand air » et « cabanes secrètes ». Après quelques virages, vous sillonnez déjà les sous-bois ensoleillés, calmes, loin du tumulte de la ville. Entre les mûriers blancs, les tilleuls et les érables sycomores, le décor est planté. Vous voilà happé, bercé. Autour de vous, un silence parfait qui donne l'impression d'être à des années-lumière de toute civilisation, quand tout juste 1h de route vous sépare de Paris.

C'est en pleine forêt de Compiègne que Christian Decamme, guide et formateur en bains de forêt, propose l'expérience de la sylvothérapie. Le concept ? Une marche lente et silencieuse, ponctuée d'invitations à lâcher prise, de respirations et de connexion aux arbres. Une plongée dans l'océan vert forestier !

Au cours de votre séjour, nuits insolites dans une cabane nichée au cœur de la canopée, moments de bien-être (massages, yoga, bain nordique) et visites hautes en couleur : vol en montgolfière, château, plus beau village et balade en barque sur des eaux émeraude.

OÙ DORMIR ?

COUCOO LA RÉSERVE

Cabanes secrètes au bord de l'eau

Toutes de bois vêtues, les 14 cabanes du domaine ont été écoconstruites pour vous faire passer un moment de bien-être coupé du monde. Chaleureuses et décorées avec goût, elles vous proposent de vivre deux types d'expériences. À la Robinson, avec toilettes sèches et éclairage à la bougie, ou à la canadienne, avec tout le luxe d'un hôtel. Vous allez aimer le petit déjeuner au lit, la détente dans le bain nordique chauffé, le tour en barque et les repas gourmands, avec vue sur les étangs.

Saint-Léger-aux-Bois • Rue des Étangs • 03 60 19 49 76 • www.cabanesdelareserve.com • Nuitée à partir de 195 €.

AUTRE HÉBERGEMENT

Le Jardin de Saint-Jean | Saint-Jean-aux-Bois • www.lejardindesaintjean.fr • 95 €/nuit (chambres d'hôtes).

JOUR 1

PLONGEON DANS LA NATURE

Le petit plus des cabanes Coucoo ? Le bain nordique chauffé extérieur, pour profiter du spectacle en toute saison. Empruntez l'escalier en colimaçon de la terrasse en bois de votre cabane pour accéder au rooftop. Caché par les arbres, plongez dans l'eau chaude et délassez-vous. Devant se profile la nature à perte de vue. Effet waouh garanti !

PROMENADE EN BARQUE SUR L'ÉTANG

Posez vos bagages et venez découvrir la réserve naturelle de l'écodomaine Coucoo et ses cabanes cachées. Au cœur d'une forêt préservée dans l'Oise et nichée sur les rivages d'un étang aux reflets bleus, la nature réserve un moment hors du temps. Montez dans une barque et pagayez au rythme du paysage, ou prélassez-vous dans la nature environnante pour une pause lecture et une sieste à l'ombre. À la nuit tombée, prenez vos plaids et vos chamallows, et rendez-vous sous les étoiles, au coin du feu de camp pour vivre une soirée magique et étincelante.

Barque et pirogue en libre-service amarrées au ponton : demander à l'accueil pagaie et gilet de sauvetage (si besoin).

COUCOO LA RÉSERVE

Méditation sur l'eau

Inspirez sur le gazouillis de l'eau, *expirez* aux coassements des grenouilles. Inspirez, sentez le vent sur vos paupières closes et *expirez,* lentement. Dans votre bulle. Au bout d'un ponton, baigné par le soleil du petit matin, sur votre tapis d'herbe ou adossé à un arbre centenaire, prenez le temps d'une méditation. Immobile et contemplative ou sportive façon gym-yoga, elle s'expérimente aux cabanes Coucoo. Massages, spa et cours d'aquarelle viennent agrémenter votre séjour grandeur nature.

Prestations sur demande auprès de Coucoo : SAG-Soins ayurvédiques | 07 67 53 04 74 • mayurvediqueg60@gmail.com • Massage complet (1h20) 90 €, massage crânien (20 min) 30 €.

JOUR
2

SYLVOTHÉRAPIE À COMPIÈGNE

La forêt, c'est notre maison, notre jardin et notre médecin ! Rendez-vous aux abords de Compiègne pour savourer les bienfaits de la sylvothérapie, la thérapie par les arbres. En compagnie de Christian Decamme, vous êtes invité à expérimenter, en silence, le plaisir des cinq sens. En pleine conscience, et à mesure de la marche, le bruit de la civilisation laisse place au chant des oiseaux, au son de l'eau. Votre rythme cardiaque ralentit, vos yeux s'imprègnent de vert et de bleu. Apaisant.

Le pitch du bain de forêt ? « Prendre le temps d'écouter un grain de riz pousser » : ralentir, écouter la nature et la ressentir. La suite se déroule en binôme, avec le jeu du miroir : l'un guide et l'autre avance en tenant sous son nez le miroir, face vers le ciel, qui reflète la canopée. L'expérience sensorielle favorise le lâcher-prise. Un cercle de parole s'organise. « Sérénité », « joie », « quiétude » résonnent au cœur de la forêt.

Puis vient la rencontre à l'arbre. Les yeux fermés, vous êtes amené au contact d'un conifère. L'écorce accroche sous vos doigts, vous grattez la terre et sentez les feuilles. C'est un moment tactile, sensuel. Vous revenez ensuite au cercle. Ouvrez les yeux. Retrouvez votre arbre. « Tout le monde y arrive, je suis, à chaque fois, subjugué », souffle Christian. À la fin, une cérémonie du thé.

Histoires d'arbres - Sylvothérapie | 06 49 32 71 74 • Tous les sam. matin (2h30) 25 € • Médecine des arbres (2h) 20 € • Chasses au trésor botaniques • Sorties botaniques sur les plantes culinaires.

AUTOUR DE SOI

Un tour du monde sensoriel

Massage oriental, rituel de Polynésie, cérémonie aux bambous, soin ayurvédique indien... étanchez votre soif de voyages et de bien-être en quelques heures au spa et institut de beauté situé à deux pas du château de Compiègne. Pour magnifier l'expérience, offrez-vous une séance de hammam privée, en solo ou en duo. La chaleur, combinée à l'humidité, permet d'ouvrir les pores de la peau et d'éliminer impuretés et bactéries, facilite la respiration, apaise les douleurs musculaires et permet une relaxation immédiate.

Compiègne • 1, rue Henri de Séroux • 03 44 36 00 27 • www.spa-autourdesoi.fr • Massages solo ou duo à partir de 45 € (30 min) • Soins gommage à partir de 135 € (1h30) • Soins du visage à partir de 45 € (30 min) • Séance de hammam : uniquement avant un soin.

LES ÉTANGS DE L'ABBAYE

Du fait maison, en toute saison

Au milieu d'étangs se love un restaurant écologique à la construction en bois, avec terrasse panoramique. Le chef vise le local côté produits et, avec le potager attenant, les plats suivent le rythme des saisons. Saumon fumé sur place, sarriette du potager et tartare de bœuf maturé chez le boucher du village. Une note d'exotisme avec le pad thaï au tofu ou la pavlova mandarine yuzu. La carte change chaque semaine. Option « à emporter ».

Longueil-Sainte-Marie • Chemin de l'Abbaye • 03 44 90 24 27 • www.restodelabbaye.fr • Ouv. tous les midis et ven.-dim. soir.

JOUR 3

VOL EN MONTGOLFIÈRE

Survolez le plancher des vaches, voguez au gré du vent dans une mer de nuages et profitez de la vue. Bienvenue à bord d'une montgolfière pour un vol de 1h environ. Un moment doux, paisible, suspendu. Oubliez tout et laissez-vous porter en observant les paysages qui défilent... Champs, forêts, oiseaux, villages et même château. Celui de Pierrefonds se découvre derrière un rideau d'arbres, près d'un lac. Aucun vol ne ressemble aux autres. Un rase-mottes des blés, une cueillette des feuilles de la cime des arbres, une brume matinale... Surprise !

Oise Montgolfière | Pierrefonds • 6, av. du Rocher • www.oise-montgolfiere.fr • 230 €.

EXCURSION INTIMISTE

Petite pépite encore peu connue, à 10 km au sud de Compiègne, le village de Saint-Jean-aux-Bois mérite la découverte. Entrez par la porte fortifiée et admirez l'ancienne abbaye en longeant la rue des Abbesses. L'histoire raconte qu'Émile Carrara, compositeur à succès, est tombé follement amoureux d'une jeune femme de Vieux-Moulin, un village voisin, et qu'ils dansèrent ensemble au bal de Saint-Jean. Il en aurait écrit la chanson *Mon amant de Saint-Jean* dans l'auberge du village, La Bonne Idée. Une plaque y est toujours.

À faire en été : le Festival des forêts, qui tisse des liens inattendus entre art et nature.

En plein cœur de la forêt de Compiègne • 03 44 40 28 99 • www.festivaldesforets.fr • Navettes gratuites au départ de Compiègne pour chaque manifestation • 14-23 €, pass Festival 20 concerts pour 180 €.

BALADE EN RAQUETTES

sur les volcans d'Auvergne

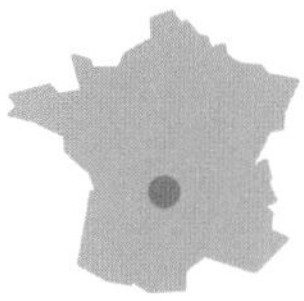

ACCÈS

En train | Ligne TER ou bus SNCF Clermont-Ferrand - Murat (2h) • Avec correspondances depuis Paris (env. 5h30) ou depuis Lyon (4h30).

En bus | Ligne C31 ou C32 des transports interurbains du Cantal Murat - Dienne.

DISTANCES

Clermont-Ferrand - Lavigerie | 136 km.

Lyon - Lavigerie | 254 km.

Paris - Lavigerie | 522 km.

Lavigerie - Murat | 14 km.

BALADE EN RAQUETTES

Prévoir une tenue d'hiver adaptée et de bonnes chaussures de randonnée en cas de manque de neige.

PÉRIODE IDÉALE

- Dans le Cantal, la neige peut poindre dès le mois de novembre et s'attarder jusqu'en avril, selon les années.
- S'il y a de la neige chaque hiver, il est de plus en plus difficile de prédire à quelle période l'enneigement sera garanti...

FAITES LE PLEIN DE NATURE, tutoyez les volcans, respirez l'air vif des montagnes ! Au cœur de l'Auvergne, il est une vallée tranquille où les massifs jouent de courbes et de rondeurs : l'Impradine-Santoire se love au creux des monts du Cantal, tout près du puy Mary. Dès les premiers flocons, la route du col est fermée et la vallée devient, le temps d'une saison, un cul-de-sac côtoyant les sommets.

Nimbé de blancheur, le pays change de rythme, se dédie à la lenteur et s'offre aux pratiques de neige douces : ski de fond, ski de randonnée ou raquettes. En amont, la maison Alta Terra est alors un refuge idéal, tout à la fois isolé, chaleureux et reposant. On y part raquettes aux pieds pour de grandes balades, on y profite d'un univers bien-être relaxant et d'une table d'hôtes revigorante.

Non loin, la cité de Murat découvre ses trésors artisanaux tandis que le plateau du Cézallier émerveille les promeneurs. Prêt pour une ruralité rêvée ?

OÙ DORMIR ?

MAISON D'HÔTES ALTA TERRA

Le spot tout en un de votre week-end

Face aux sublimes montagnes enneigées, lovez-vous dans ces chambres douillettes, entre mobilier chiné et matières naturelles. Le must ? La « cabane » du jardin, légèrement à l'écart, avec sa terrasse privée. Le tout dans un esprit de développement durable, de la bio-conception à la récup en passant par les produits utilisés, tous bio et locaux.

Lavigerie • Le Pradel • 04 71 20 83 03 • www.altaterra-cantal.com • Nuitée à partir de 80 € (2 pers. avec petit déj.).

AUTRES HÉBERGEMENTS

L'Épicerie de Dienne (voir Jour 1) • L'Auberge d'Aijean (voir Jour 3).

JOUR

1

ESCALE MÉDIÉVALE À MURAT

Vous tomberez sans doute sous le charme de cette petite cité médiévale, dont les ruelles sinueuses comptent de beaux hôtels particuliers et quelques édifices Renaissance. Attardez-vous dans la belle coutellerie L'Âge de Bronze, feuilletez quelques ouvrages à la librairie Aux Belles Pages (46, rue du Bon Secours), puis goûtez aux fameux « cornets de Murat ». Dominant les toits de lauze, vous remarquerez la statue monumentale de Notre-Dame-de-Haute-Auvergne, perchée sur le rocher de Bonnevie : vous pourrez l'atteindre en 30 min de marche environ et serez récompensé par un beau panorama.

Rens. : www.hautesterrestourisme.fr

L'Âge de Bronze | 28, rue Porte Saint-Esprit • 04 71 20 14 82 et 06 72 88 37 28 • https://agedebronze.fr

L'ÉPICERIE DE DIENNE

Bistronomique

C'est une star du Cantal ! Christopher Wright émoustille les papilles de ses convives avec brio... et sobriété : sa cantine se donne des allures d'épicerie, son menu simple jongle avec les produits locaux et l'atmosphère conviviale se fait décontractée. En bonus, des chambres tout aussi sympas sont proposées à l'étage.

Dienne • Le Bourg • 04 71 20 59 84 • www.lepiceriedediienne.com • Soir mar.-dim., midi jeu.-dim. • Menu 28 € | Chambre à partir de 66 €/nuit (2 pers.), petit déj. 10 € • Demi-pension à partir de 68 €/pers.

JOUR

2

BALADE EN RAQUETTES SUR LES MONTS DU CANTAL

Regardez par la fenêtre : le ciel est clair, les monts immaculés, et l'air vif... Il est temps de chausser vos raquettes ! Vous pouvez, au choix, partir en autonomie (avec conseils avisés et topo complet) ou être accompagné de Stéphane, guide de montagne et fin connaisseur du coin. C'est simple, ici la nature a repris ses droits et vous êtes donc, déjà, en plein dedans : on part à pied, directement depuis le pas de la porte. Pour une balade en liberté, remontez l'Impradine jusqu'en contrebas du puy Mary : à longer les coteaux, vous profitez des rayons du soleil et vous laissez guider par les panneaux balisés. Le silence vous gagne... Inspirez profondément et, surtout, regardez attentivement : la faune sauvage ne tardera pas à montrer le bout de son nez (chamois ou milans royaux ne sont pas loin !).

Pour une pause pique-nique, choisissez l'un des magnifiques points de vue sur le puy Mary, le Peyre-Arse ou le puy de Seycheuse. Envie de plus de dépaysement ? Suivez alors Stéphane sur le plateau du Limon, aux airs de steppes mongoles. Plus physique et non balisée, cette option devra être accompagnée. Le visage piqué par le froid ? Au retour, réchauffez-vous avec un bon verre de gentiane !

Alta Terra (voir Jour 1) | Vallée de l'Impradine : 2-3h en autonomie, niveau facile • Plateau du Limon : 3-4h, plus exigeant et accompagné • Location de raquettes à neige 8 €/j. • Panier pique-nique 11 € (commander la veille).

ALTA TERRA

Séance bien-être face aux montagnes

Terminez la journée en beauté avec une séance bien-être. Les vapeurs du hammam et la chaleur du sauna détendront vos muscles et réchaufferont votre corps après cette échappée glaciale. Puis, confortablement installé dans votre bain nordique, prenez le temps de contempler les étoiles.

Hammam et sauna : accès offert aux hôtes, 12 € pour les non-résidents • À disposition 17h-20h, possibilité de résa.

Bain nordique : 55 €/2h, max. 5 pers. • En fonctionnement de mi-nov. à mi-mars, sur résa uniquement

Location de maillots de bain, de serviettes ou de peignoirs : 3 €/pièce.

LA TABLE D'ALTA TERRA

Sur place

Inutile de bouger : la table d'hôtes d'Alta Terra vous régalera de sa cuisine maison, simple et goûteuse. Préparé avec des produits frais, locaux et majoritairement bio, le menu unique se déguste en convivialité autour d'une grande table commune.

Le reste de la journée, le Café gourmand fait aussi office de salon de thé, avec des boissons, mais aussi quelques gourmandises salées ou sucrées.

Table d'hôtes soir 22 €, sur résa.

JOUR

3

LA MAGIE DU CÉZALLIER

À quelques encablures des monts du Cantal se découvre un autre territoire de grands espaces : le plateau du Cézallier. Cette vaste étendue basaltique offre des horizons immenses, ponctués de lac, de tourbières, de burons de pierre ou de chapelles perdues. Le tout facilement accessible depuis Alta Terra (de préférence en voiture). En chemin, attardez-vous à la ravissante chapelle Notre-Dame-de-Valentine, perchée sur un éperon rocheux.

Au lac du Pêcher, un agréable sentier thématique (3 km) longe la rive, ponctué de panneaux explicatifs sur la flore et la faune. Vous pouvez également entreprendre la jolie promenade jusqu'à la Roche du Pic, avec panorama à 360°. Enfin, n'hésitez pas à pousser les portes de la Poterie de la Boissonnière, tout près du lac, ainsi qu'à La Roche aux Fruits, juste à côté, pour une halte gourmande (confitures, coulis, sirops, pâtes de fruits, etc. ; 06 16 51 83 85 ; tél. pour vérifier horaire).

Poterie de la Boissonnière | Chavagnac • 04 71 20 03 41 ou 07 68 73 74 15 • https://www.poterie-boissonniere.com • Tél. pour vérifier ouverture.

JOUER LES PROLONGATIONS AU PUY MARY

C'est un peu la vedette du Cantal… En hiver, la route du col fermée, les lieux retrouvent en outre le calme qui leur sied. Au col de Serre, la zone nordique du Haut-Cantal compte plusieurs itinéraires balisés jusqu'au fameux sommet (de 3 à 7 km ; en skis de fond ou en raquettes). Notez que, sur place, Natur'O'Col propose une sympathique restauration bio et locale (www.naturocol.com).

Rens. : Terres Tourisme • 04 71 20 09 47 • www.hautesterrestourisme.fr • Parking au col de Serre Hautes.

INSTANTS D'ABSOLU

Un spa rien que pour soi

À l'écolodge Instants d'Absolu, vous pouvez privatiser l'espace bien-être. Au programme : hammam au savon noir, massage de 45 min, douche sensorielle aux huiles essentielles et bain chaud agrémenté de chromothérapie (vibration des couleurs) et d'ondes sonores subaquatiques.

Neussargues-en-Pinatelle • Le Lac du Pêcher – Fons Nostre – Chavagnac • 04 71 20 83 09 • www.ecolodge-france.com • 265 € pour 2h et 2 pers.

Col de Serre, Le Claux • 09 88 77 32 33, 06 84 10 84 60 ou 06 08 97 62 69.

AUBERGE D'AIJEAN

L'auberge d'antan

900 mètres. C'est la distance qui sépare Alta Terra de cette auberge cantalou dans son jus, à peine en amont dans la vallée, mais qui se trouve être la dernière habitation avant le col. On y va donc à pied pour déguster une bonne cuisine du terroir, qui sait y faire pour réchauffer les corps et les âmes. Les chambres sont également tentantes.

Lavigerie • La Gandillon • 04 71 20 83 43 • www.auberge-puy-mary.com • Tous les soirs, midi sur résa • Dîner 25 € • Chambre à partir de 67 €.

COIFFURE ÉNERGÉTIQUE

en Ariège

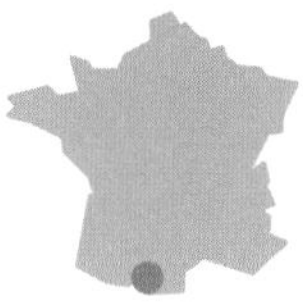

ACCÈS

En train | TER Toulouse (gare de Matabiau) - Foix (env. 1h).

En bus | Foix - Saint-Lizier : ligne 452 : Toulouse - Guzet • Ligne 454 : Foix - Saint-Girons • Ligne 455 : Saint-Girons - Saint-Lary • Ligne 457 : Aulus-les-Bains - Saint-Lizier.

En taxi | Saint-Lizier - Contrazy.

DISTANCES

Toulouse - Foix | 87 km.

Bordeaux - Foix | 329 km.

Marseille - Foix | 393 km.

Paris - Foix | 764 km.

Foix - Saint-Lizier | 44 km.

Saint-Lizier - Contrazy | 15 km.

PÉRIODE IDÉALE

- Températures agréables de mai à sept., l'idéal reste août.
- Pour les photographes en herbe, l'automne est une merveille.

OUBLIEZ LA VILLE, son béton, son stress, son rythme effréné, et reconnectez-vous à la nature, aux autres et à vous-même. Pour cela, offrez-vous une parenthèse magique en Ariège, dans l'un des départements les moins peuplés de France.

Au cœur des Pyrénées, Fabienne vous accueille dans son petit coin de paradis : le domaine des Sarraillès. Sur 23 hectares, cette ferme équestre, entièrement rénovée, invite à la méditation et à l'harmonie des âmes. Entre les mains sensibles et dévouées de votre hôtesse, vous explorez la richesse de votre intériorité et apaisez les émotions du passé. Comment ? Grâce à une séance de coiffure énergétique. En coupant les cheveux, le rasoir vibre dans la mèche tendue, stimule le bulbe et résonne dans la boîte crânienne pour venir toucher les mémoires cristallisées, et bien plus encore...

Au cours de ce séjour, découvrez l'un des Plus Beaux Villages de France, Saint-Lizier, la ville de Saint-Girons et son marché – une vraie institution –, et aventurez-vous dans un jardin féerique, entre rois aztèques et symboles égyptiens.

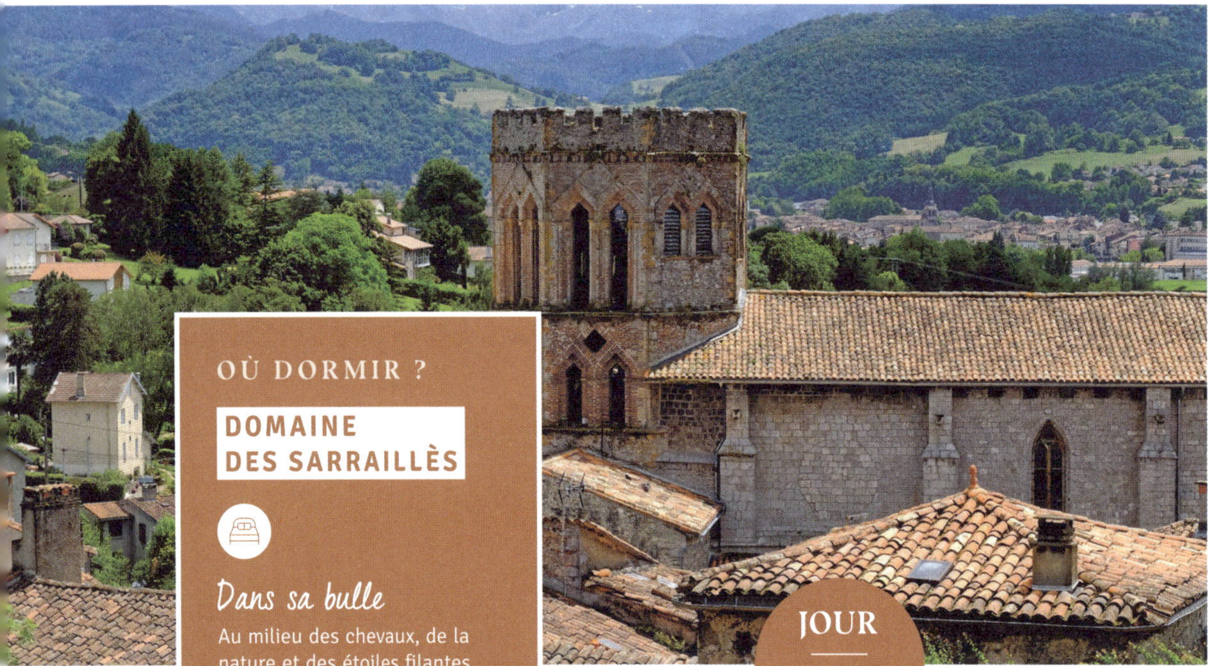

JOUR 1

OÙ DORMIR ?

DOMAINE DES SARRAILLÈS

Dans sa bulle

Au milieu des chevaux, de la nature et des étoiles filantes, venez vous blottir sous la Voie lactée. Dans la bulle transparente, vous aurez une vue imprenable sur la chaîne des Pyrénées. Cuisine extérieure et barbecue, toilettes sèches et douche au feu de bois. Possibilité de dormir dans le gîte ou dans les chambres d'hôtes.

Fabienne, la propriétaire, propose des séances de ressourcement (voir Jour 2). Vous pouvez aussi buller près de la piscine ou partir en balade avec un âne.

Contrazy • La Tuco • 06 42 41 89 86 • www.domainedessarrailles.com • Bulle 124 € (sans petit déj.) • Chambres d'hôtes 97 €.

AUTRE HÉBERGEMENT

La Maison d'Obinat | Auzas • 3, rue du Lac • 06 87 33 11 49 • www.lamaisondobinat.fr • Nuit à partir de 97 € (2 pers.), petit déj. compris.

SAINT-LIZIER, À L'ÉCART DES SENTIERS BATTUS

Vous voilà en plein Moyen Âge, dans une ancienne cité gallo-romaine. Voyagez dans son sein et découvrez deux cathédrales : Notre-Dame-de-la-Sède, dans l'enceinte du palais des évêques, tout en haut du village, et l'actuelle église paroissiale, avec son magnifique cloître roman. Les ruelles en galets sont faites de passages secrets et d'histoires de contes de fées.

Partez à pied depuis l'hôtel-Dieu découvrir l'ancienne apothicairerie du XVIIIe s. Continuez au hasard, passant devant les maisons à colombages et encorbellement. Elles datent, pour les plus anciennes, du XVe s. Terminez par les terrasses panoramiques du Palais, depuis lesquelles se déploie un magnifique paysage ouvert, avec la chaîne des Pyrénées en toile de fond.

LE MUSÉE DES COLPORTEURS

À 25 min en voiture de Saint-Lizier s'érige un endroit unique, où vous aurez l'impression d'entrer dans une boutique des années 1900. Mercerie, lunettes, remèdes, pommades, jouets, bijoux, tissus, tabac, montres, objets de piété... les colporteurs vendaient « monts et merveilles », amusant les enfants et les plus grands. Ces vendeurs ambulants partaient sur les routes avec leurs caisses, parfois jusqu'au bout du monde.

Soueix-Rogalle • Rue Principale • Ouv. les ap.-m. en juil.-août 15h-19h, vac. scol. d'hiver et de Pâques • 05 61 01 74 87 • 2 €.

L'AUBERGE D'ANTAN

Repas d'un autre temps

Cuisine traditionnelle et de terroir, dans une auberge du XIXe s. Votre repas commence par une garbure (soupe) puisée directement du chaudron qui mijote doucement dans la cheminée. Bruschetta au fromage de chèvre bio et jambon de pays, cochon de lait farci et cuit à la broche, pavé de truite rôti des chutes d'Aston, risotto aux légumes de saison, crème brûlée aux myrtilles... Généreux, rustique et authentique.

Saint-Girons • Domaine de Beauregard • 05 61 64 11 02 • https://chateaubeauregard.net • F. sam. midi, dim. soir et lun. • Menu à partir de 35 €, midi 18 €.

JOUR

2

COIFFURE ÉNERGÉTIQUE

« Nouvelle coupe pour une nouvelle vie ! » L'adage est donc vrai… Au Domaine des Sarraillès, en plein cœur du Parc naturel régional des Pyrénées ariégeoises, Fabienne, votre hôtesse, prend bien soin de vous, des pieds à la tête. En effet, en coupant vos cheveux, vous harmonisez votre corps tout entier.

Avant la coupe, Fabienne vous explique comment se déroule une séance et s'enquiert de vos envies. Fermez les yeux et ressentez. Soyez à l'écoute de vos émotions et oubliez ce qui se passe autour. Profitez du massage shiatsu crânien. Détente, abandon, instant présent.

Commence ensuite la coiffure énergétique. La coupe se fait à l'aide d'un rasoir traditionnel. Au contact des mèches, le « coupe-chou » émet des vibrations le long de la fibre capillaire jusqu'à la racine.

Chaque moment fort de votre vie est inscrit dans vos cheveux, depuis la naissance. Suivant le méridien énergétique relié à la mèche coupée, différents ressentis peuvent alors se manifester. C'est donc tout le corps qui est stimulé, permettant d'évacuer tensions ou blocages… et/ou, simplement, d'apprécier un moment de réception de vos sensations corporelles.

Bonus, la coiffure énergétique favorise le volume, le brillant, le mouvement et freine la chute des cheveux !

Domaine des Sarraillès (voir Jour 1) • 70 €.

LE MARCHÉ DE SAINT-GIRONS

L'incontournable du samedi matin

Venez musarder dans les allées colorées, sentez les odeurs d'épices et de grillades, goûtez un miel de montagne, un nem vietnamien ou encore un sandwich libanais ! Tous les samedis matin, la ville de Saint-Girons régale tous les palais. Au temple de la haute gourmandise, découvrez une palette diversifiée de bons produits du terroir : la rouzolle (à base de jambon et chair à saucisse), la mounjetado (sorte de cassoulet), le bethmale (fromage) ou encore les croustades aux pommes ou aux myrtilles.

Saint-Girons • Pl. de la Mairie • Sam. 8h-13h.

L'ARBRE ENCHANTÉ

Pause bien-être

Reiki, massage, méditation, soin sonore avec bols tibétains ou chant diphonique, bain de forêt, naturopathie... Alison Drancourt propose des ateliers pour vous relier au vivant, à la nature et découvrir votre moi profond. Elle partage ses connaissances au plus grand nombre pour que chacun puisse trouver, en soi, sa propre médecine et puisse activer son processus d'autoguérison.

Saint-Lizier • Bois de Saint-Blanquat et à domicile • 06 26 02 54 82 • www.arbre-enchante.com • Relaxation, méditation 25 € (30 min ; séances individuelles) ou 50 € (1h), soin 50 € (45 min), reiki 60 € (1h15), massage bien-être 60 € (1h30).

JOUR 3

JARDIN DE PIERRES

Des rois aztèques ou asiatiques, un buste de Napoléon, un petit château fort, des symboles égyptiens... le long d'un sentier ombragé, un peu caché et bordé par la rivière poissonneuse du Lez, se découvrent des géants de pierre. C'est au cœur du village d'Alas que vous pouvez explorer le jardin de Pierres, réalisé par Robert Mathey, un habitant des lieux. Durant 25 ans, il a empilé des roches de ciment et de béton pour créer ce lieu de rêverie, de sérénité et d'étrangeté. Vous trouverez, à l'intérieur d'une boîte en fer et protégé par un autel, un livre d'or où les aventuriers d'un monde perdu racontent leurs pérégrinations bucoliques.

Alas • Prendre le chemin devant le lavoir à gauche sur une centaine de mètres, puis sentier pédestre à droite avec panneau de bois.

LAC D'ÉMERAUDE

Envie de garder votre âme voyageuse ? Rendez-vous au parc naturel régional des Pyrénées ariégeoises, à 1 074 m d'altitude. Devant vous, l'immensité du lac de Bethmale. Ses rives, plantées de hêtres aux feuilles rubescentes, sont accessibles en toute saison, l'automne lui donnant des airs de petit Canada. Ici, vivez un moment suspendu et/ou épicurien – muni d'un bon pique-nique –, et abandonnez-vous à la contemplation de son eau émeraude.

Saint-Lizier - lac de Bethmale : 26 km via la D618 jusqu'à Bordes-sur-Lez • Parking gratuit • Sentier du tour du lac (45 min).

YOGA NOMADE
en forêt de Redon

ACCÈS

En train | Ligne TGV Paris (gare Montparnasse) - Redon (env. 2h) • TER Rennes - Redon (env. 45 min) • TER Nantes - Redon (env. 1h).

DISTANCES

Paris - Redon | 415 km.

Nantes - Redon | 75 km (via N125 et D164).

Redon - La Gacilly | 15 km.

SORTIE YOGIWALKIE®

- Prévoir des chaussures de running de préférence (moins lourdes que les chaussures de rando).
- Aucune pratique préalable n'est requise.

PÉRIODE IDÉALE

- YogiWalkie® : toute l'année.
- Au printemps et à l'automne, vous profiterez du réveil de la nature ou des couleurs jaune-orange-rouge des arbres ; vous éviterez la foule de touristes à La Gacilly.

OUST, LE STRESS, LA CHARGE MENTALE ET LES TRACAS du quotidien ! Faites le plein de bonnes vibes et une cure de vitamine V, comme « vert », en Bretagne intérieure, à deux pas du canal de Nantes à Brest. C'est au cœur de cette jolie vallée bretonne que Peggy Ménager a créé le concept de YogiWalkie®. Une approche « nomade » du yoga qui lui associe les bienfaits de la marche et les pouvoirs régénérants des arbres et de la nature en général.

Tout en randonnant à ses côtés, améliorez votre façon de marcher, revisitez votre posture, nettoyez vos poumons et saluez le soleil au passage… À chaque nouvelle enjambée, une respiration et un pas de plus vers la détente !

Au cours de ce séjour, découvrez Redon et son pays tout en forêt, falaises granitiques et eau. Avec ses pépites, dont le spectaculaire site de l'île aux Pies, les landes sacrées de Saint-Just ou encore La Gacilly, incontournable Petite Cité de Caractère.

OÙ DORMIR ?

LA MADELEINE

Maison d'hôtes

Parquets d'origine, détails déco soignés et ambiance intime pour les 4 chambres d'hôtes nichées dans une maison fin XIXᵉ s. joliment rénovée. Vous êtes à 3 min à pied du centre de Redon. Appréciez un petit déj. fait maison, avec des produits locaux. Sébastien, le propriétaire, qui est styliste culinaire, dispense même des cours de cuisine. Vous pouvez aussi juste buller près de la piscine ou dans le jardin, sous les pommiers et les poiriers.

Redon • 8, rue du Châtelet • 06 42 88 36 76 • www.mlamadeleine.com • Nuitée pour 1 pers. à partir de 65 € (75 € le w.-e.).

AUTRES HÉBERGEMENTS

La Grée des Landes (voir Jour 2) • La Morinais (voir Jour 2).

JOUR 1

LE PORT DE REDON ET L'ÎLE AUX PIES

Prenez vos quartiers à Redon, jolie ville-port au confluent de la Vilaine et du canal de Nantes à Brest. Flânez dans son centre historique, autour de l'abbaye bénédictine Saint-Sauveur. Sa tour carrée est un bijou d'art roman ! Imprégnez-vous de l'ambiance populaire du quartier du port. Avec ses maisons d'armateurs et ses anciens greniers à sel, il forme comme une île dans la ville. Les bateaux de plaisance ont aujourd'hui remplacé ceux des marchands dans le bassin à flot. Au bout de l'île, une friche industrielle est devenue le terrain de jeu des graffeurs. Ne manquez pas les portraits géants signés Jeff, le street artiste local.

À 15 min en voiture de Redon, l'île aux Pies se niche dans une superbe cluse (vallée étroite) creusée par l'Oust. Découvrez ce paysage de falaises granitiques qui tombent à pic dans la rivière, de marais, de landes, de bois... depuis l'une ou l'autre rive. Au milieu, un tas d'îlots aux doux noms d'oiseaux (île aux Geais, aux Corbeaux, aux Canards) sont semés de chênes et de bouquets d'iris sauvages. Le spot est très réputé pour l'escalade. Rando (sentiers nombreux), balade en kayak ou paddle... sont d'autres activités sympas pour découvrir le site dans ses moindres recoins.

Site accessible par Bains-sur-Oust et Saint-Vincent-sur-Oust • De mi-juin à mi-sept. l'office de tourisme de Redon propose 3 formules « Escapades à l'île aux Pies » : locations vélo + canoë, 22 € ; vélo + parcours aventure (accrobranche, escalade), 30 € ; vélo + canoë + parcours aventure, 38 € • 02 99 71 06 04 • www.pays-tourisme.redon

CINÉ MANIVEL

Ciné, mais pas que !

Dans le quartier du port, ce cinéma associatif classé Art et essai (7 salles) est aussi un lieu de concerts, d'expos, un café, un resto... Faites-vous une toile et déjeunez ou dînez bio, local et végétarien (essentiellement) avec vue sur le bassin à flot.

Redon • 12, quai Jean Bart • 02 99 72 28 20 (ciné) ; 02 99 72 95 64 (resto) • www.cinemanivel.fr • Resto : le midi mar.-ven., et tous les soirs, tte l'année.

OISEAUX SEMEURS

Qu'on ne s'y trompe pas : les îlots constituant l'île aux Pies étaient vierges de toute végétation lorsqu'ils se sont détachés du rivage il y a... un bon paquet d'années ! Ce sont les oiseaux, en y cachant des graines pour se nourrir l'hiver, qui ont permis aux arbres et aux bosquets de s'y développer.

JOUR
2

LA MARCHE DU YOGI EN FORÊT DE REDON

Pas besoin de tapis, juste d'une bonne paire de running. C'est en pleine nature, chargée en ions négatifs, les fameux *prānās* du yoga (sources d'énergie vitale), que Peggy vous attend pour une séance de YogiWalkie®. Pas une méditation ambulante, non, mais une marche détox, à bon rythme, pour bien réveiller les cellules.

D'abord, votre guide vous aide à optimiser la façon de fouler le sol. Observez votre démarche, vos appuis. Vos pieds ? Ouvrez-les à 11h05 pour soulager les lombaires et libérer les fluides. Bassin, périnée, cage thoracique... Peggy corrige vos mauvais réflexes et vous délivre 10 clés posturales qui permettent de ne pas se fatiguer le dos, d'être moins essoufflé. Apprenez aussi à bien respirer par le nez... En chemin, un promontoire offre le cadre parfait d'une salutation au Soleil. Sous ses rayons, le sens de l'exercice prend une autre dimension !

Poursuivez au milieu des chênes, des fougères, des séquoias, puis le long du canal de Nantes à Brest ou de la Vilaine. Humez l'odeur des arbres, des fleurs, écoutez le bruit de l'eau... L'effort physique cède doucement le pas au mental, au bien-être. Après 7 km, vous vous sentirez à la fois plus léger et plus ancré !

06 12 27 38 07 • www.yogiwalkie.com • Durée 1h45 • Lieu de rendez-vous et parcours dévoilés par SMS • 60 €/pers. (30 €/pers. à partir de 4 pers.) • Limité à 8 places • Brunch possible en forêt après la marche, sur résa à partir de 4 pers.

LA GRÉE DES LANDES

Parenthèse bien-être

Yoga dans l'eau, sophro tonique, qi gong... réservez une activité « wellness » (1h) à l'éco-hôtel spa Yves Rocher de La Gacilly. Vous pouvez aussi lâcher prise lors d'un massage détente : des offres associent les deux prestations. On en profite seul, en duo ou en groupe, avec accès compris à l'espace spa (bassin à débordement, hammam...).

La Grée des Landes, c'est aussi des chambres, suites et cabanes perchées 4-étoiles. Le restaurant Les Jardins sauvages est réputé pour sa cuisine gastro 100 % bio et locavore.

La Gacilly (Cournon) • 02 99 08 50 50 • wwww.lagreedeslandes.com • Activité wellness : à partir de 22 € ; parenthèse détente (soin + activité wellness) : à partir de 150 € pour 2 pers. • Soin du corps : 52 à 154 € (206 € en duo) • Restaurant : menus 38-70 € • Nuitée à partir de 100 € pour 2 pers. (petit déj. 17 €).

LA MORINAIS

Restaurant à la ferme

Légumes de saison et viandes bio, issus du potager-verger et du terroir local, au menu unique de cette chouette ferme familiale. À déguster dans une salle avec murs en pierre et grande cheminée ou sur une terrasse ombragée.

On peut aussi y dormir dans des cabanes insolites (presque) à la belle étoile, des tentes sur parquet ou dans un ancien pigeonnier réaménagé en gîte.

Bains-sur-Oust • 06 52 08 80 38 • www.fermelamorinais.com • Restaurant du jeu. soir au dim. midi (seulement sur résa) • Menu unique 38 €.

JOUR 3

VENELLES FLEURIES

Des maisons en schiste, des volets colorés, des fleurs partout dans les rues et les venelles... une vraie carte postale, ce village de La Gacilly ! Poussez les portes des artisans d'art installés dans la cité : sculptures, céramiques, objets en verre filé... il y en a pour tous les goûts. Chaque été, des photos géantes sont exposées dans les rues, sur les murs des maisons et les bords de l'Aff lors d'un festival de renommée internationale.

La Gacilly, c'est aussi... Yves Rocher. Un musée immersif et sensoriel retrace l'histoire de l'enfant du pays et de sa marque de cosmétiques ; on vous ouvre également son jardin botanique...

Festival photo | www.festivalphoto-lagacilly.com • Juin-sept. • Gratuit.

Musée immersif Yves Rocher | www.maisonyvesrocher.fr • Mar.-dim. 14h-18h • 7,50 €.

LANDES À MÉGALITHES

Pas envie de vous mêler à la foule estivale à La Gacilly ? Préférez alors une balade, plus au calme, dans les landes de Cojoux et Tréal à Saint-Just. Elles sont parsemées d'ajoncs, mais aussi de menhirs, tumulus, cairns, dolmens à couloir, allées couvertes... Une telle diversité de pierres sacrées en fait le deuxième site mégalithique le plus important de Bretagne, après Carnac. Plongez au cœur de ce paysage enchanteur en suivant le sentier d'interprétation qui part du bourg de Saint-Just. Plus original (et moins fatigant), vous pouvez aussi le parcourir à dos d'âne !

À 20 km au nord de Redon (par les D177 et D65) • Sentier d'interprétation : départ de la Maison Mégalithes et Landes, 10 allée des Cerisiers, Saint-Just ; 7 km, 2h-2h30 de marche ; demander un plan • www.megalithesetlandes.com

BALADE AVEC UN ÂNE
dans les Cévennes

ACCÈS

En train | La gare la plus proche est Mende (à 20 km). TER Paris (gare de Lyon) - Mende via Clermont-Ferrand (env. 7h).

En bus | Arrêt sur la ligne Florac-Mende du réseau Lio (Mende 30 min, Florac 20 min) • Puis 500 m de marche jusqu'aux Ânes du Vigos.

DISTANCES

Montpellier - Ispagnac | 140 km.

Lyon - Ispagnac | 250 km.

Paris - Ispagnac | 600 km.

Ispagnac - Florac | 10 km.

BALADE AVEC UN ÂNE

Prévoir de bonnes chaussures de marche, un chapeau et, si vous le souhaitez, un pique-nique.

PÉRIODE IDÉALE

Toute l'année !

- Au printemps, les Cévennes sont en fleurs.
- À l'automne, les paysages rougeoient.
- En été, à condition qu'il fasse frais.
- En hiver, pour un dépaysement total.

À VOUS LES GRANDS ESPACES, les horizons immenses, la nature à l'état pur. Sur ces terres magiques, à près de 1 000 m d'altitude, l'air vif gonflera vos poumons et le chemin façonnera votre esprit : l'essentiel est de « sentir sous ses pieds le granit terrestre avec, par endroits, le coupant du silex », écrivait si bien Robert Louis Stevenson. Craquerez-vous pour votre âne comme il le fit pour sa charmante Modestine ?

Inutile d'être aussi intrépide que l'écrivain écossais, qui entreprit en 1878 un voyage au long cours du Velay jusqu'à Saint-Jean-du-Gard. Profitez plutôt d'une journée dédiée, sur le splendide causse du Sauveterre, en plein territoire cévenol : Carol aura peaufiné pour vous un itinéraire idéal et parfaitement balisé… Et vous aurez tout à fait le droit à la maladresse, comme la touchante Antoinette dans les Cévennes (si vous n'avez pas encore vu le film, c'est une introduction toute trouvée au week-end !) : votre âne saura vous ramener à bon port.

Vous découvrirez également une région à la beauté époustouflante, depuis les gorges du Tarn jusqu'au mont Lozère… Peut-être, alors, reviendrez-vous un jour, cette fois pour un long voyage.

OÙ DORMIR ?

MAISON D'HÔTES WINA

Dormez comme une pierre

Une belle maison caussenarde, de solides murs en pierre, des poutres apparentes, une décoration soignée et deux chambres, Tati et Rinus, pour vos douces nuits... Chez Wina, vous serez parfaitement dorloté. Au petit matin, dégustez votre petit déjeuner gourmand (et local) sur la terrasse, en bord de rivière.

Florac • Pont de Barre • 04 66 34 18 82 et 06 78 09 18 09 • www.maisonwina.com • Nuitée 85 € (2 pers. avec petit déj.), table d'hôtes 35 €/pers.

AUTRE HÉBERGEMENT

La Petite Auberge | Bédouès-Cocurès • Rue de la Serve • 07 50 29 40 96 • www.lapetiteauberge-lozere.com • Nuitée à partir de 80 € (2 pers. avec petit déj.), table d'hôtes 35 €/pers.

JOUR 1

SOUS LE CHARME DE FLORAC

Située dans un site splendide, au pied des falaises du causse et le long de la rivière Tarnon, Florac invite à la flânerie. Déambulez dans ses ruelles médiévales, admirez la source du Pêcher, emplissez vos paniers de produits locaux et faites halte à la Maison du parc national des Cévennes, pour mieux comprendre cet environnement singulier.

Florac • Pl. de l'Ancienne Gare • 04 66 45 01 14 • www.cevennes-gorges-du-tarn.com

ATELIER TUFFERY

Pause fashion

Poussez jusqu'à la boutique d'une marque qui confectionne les jeans avec du chanvre ou de la laine du causse !

Florac • ZA Saint-Julien-du-Gourg • 04 66 45 00 94 • www.ateliertuffery.com • Lun.-sam. 9h-12h et 14h-19h.

LA LOZERETTE

Grand classique cévenol

Ici, on régale les hôtes depuis trois générations ! Dans un creux de verdure douillet à souhait, régalez-vous d'une cuisine familiale, traditionnelle et authentique... Vous garderez sans doute un souvenir ému du gigantesque plateau de fromages, apporté sur roulettes, ou de la carte des vins comptant plus de 300 références.

Cocurès • 04 66 45 06 04 • www.lalozerette.com • Avr.-nov. jeu.-dim. • Menu 32-49 €.

JOUR
2

BALADE AVEC UN ÂNE

Augusta, Justine, Lauze, Gavroche, Ciboulette... qui sera l'élu(e) de votre cœur ? Observez bien ses oreilles pointues et son regard en coin, car l'animal va devenir votre plus cher compagnon lors de cette promenade au cœur des Cévennes. Après l'avoir soigneusement brossé et préparé, puis chargé d'un bât ou de sacoches, prenez la longe et dirigez-le avec douceur, mais fermeté ! Selon vos envies (et votre forme), Carol vous proposera l'un de ses quatre itinéraires à travers le causse du Sauveterre.

Pas d'inquiétude, vous aurez une carte plastifiée pour vous repérer, et la route est également balisée avec des panneaux colorés. Les ânes connaissant bien le chemin, vous pouvez profiter en toute quiétude des paysages envoûtants qui, sous vos yeux ébahis, s'étirent à l'infini tandis que la nature, intacte, dévoile ici ou là quelques murets en pierre sèche. Personne à l'horizon, le murmure du vent pour seul écho... L'émotion des grands espaces vous fera ensemble frémir.

À midi, offrez-vous une pause pique-nique dans un lieu quasi désert, en tête à tête avec les nuages.

Les Ânes du Vigos | Le Vigos, Ispagnac • 06 50 28 81 97 • www.gite-caussecevenes.fr • Durée : 2h, demi-journée ou journée • 30-55 €.

DU VIN DANS LES GORGES ?

Eh oui ! Il existe bien du vin en Lozère, et il est ici : les domaines de Gabalie et de Gabridelles produisent leurs crus sur les berges du Tarn. L'occasion d'aller voir de plus près les ceps et de déguster rouges, rosés ou blancs.

Gabalie | Ispagnac • 13, rue des Fontaines • 06 75 75 15 95 • Vis. guidée sur résa.

Gabridelles | Ispagnac • 13, rue de l'Église • 06 50 54 00 13.

LE DOMAINE DE BOISSETS

Surplombant les gorges du Tarn, le domaine est un site magnifique qui mérite le détour. Dans cet authentique hameau caussenard, la scénographie inventive vous emmènera à la découverte des traditions agropastorales (inscrites au Patrimoine mondial de l'Unesco). En été, le site, investi par le collectif Lignes d'horizon, propose une riche programmation culturelle.

D986, Sainte-Énimie • 06 40 69 47 46 • domainedeboissets@gmail.com • Scénographie extérieure accessible tte l'année • Site ouv. mai-sept., dim.-lun. 10h-17h, mar.-jeu. 10h-21h • Vis. libre (dépliant à disposition) • Env. 45 min.

À noter également : le sentier « Sur le causse de Sauveterre, nos terres » (5 km, env. 1h45).

JOUR 3

SUR LES PAS DE STEVENSON

Pour marcher dans les traces de Robert Louis Stevenson, direction Le Pont-de-Montvert : ce ravissant village de pierre fut en effet une escale de l'écrivain lors de son *Voyage avec un âne dans les Cévennes*. C'est aussi l'occasion de découvrir quelques pépites naturelles de la région. L'une d'elles est la cascade de Runes, d'une soixantaine de mètres, qui se dévoile après une agréable promenade bucolique.

600 m env. • Compter 45 min • Attention, descente raide à l'arrivée • Accès par la D35 au niveau du hameau de Rune • Parking.

Une autre est le Cham des Bondons, un plateau calcaire orné de « puechs », sortes de mamelons de marne noire, dont les paysages enchanteurs abritent un impressionnant concentré de menhirs (près de 200 !), à explorer via un sentier dédié, jalonné de points d'observation.

5 km • 1h30 env. • Très facile • Accès via la D35 • Parking au croisement de la route des Combes.

Arrivé au Pont-de-Montvert, appréciez ce village typiquement cévenol, aux belles maisons en pierre, longé par la rivière. Sous le vieux pont, une piscine naturelle n'attend que les plus hardis pour un plongeon rafraîchissant.

À LA DÉCOUVERTE DES GORGES DU TARN

Envie de contempler des eaux émeraude et des falaises grandioses ? Sachez qu'un chemin (sur le tracé du GR736) permet de facilement longer les gorges. Si le parcours se poursuit sur plus de 50 km, vous pouvez n'emprunter qu'une portion : nous vous conseillons de rejoindre le hameau de Castelbouc (garez-vous avant le pont) et de longer le Tarn jusqu'à Prades (3 km A/R ; facile) ou de pousser jusqu'à Sainte-Énimie (7 km aller).

Stationnement au hameau de Castelbouc, traverser le pont et prendre le sentier sur la droite • En été, une navette touristique (2 €) dessert les gorges et permet de revenir au véhicule.

L'AUBERGE DES CÉVENNES

Auberge mythique

Au village du Pont-de-Montvert, cette ancienne auberge est mythique, depuis que Stevenson y fit halte en 1878... Elle a désormais fait peau neuve, pour le plus grand bonheur des visiteurs. Au menu, des plats typiquement cévenols (avec options végétariennes), concoctés à base de produits frais et locaux. Du petit creux au menu complet, vous aurez l'embarras du choix ! Le tout à déguster face au vieux pont.

Le Pont-de-Montvert • La Placette • 04 66 45 80 01 • https://auberge-des-cevennes.com • T.l.j. de mi-avr. à mi-oct. • Plats à partir de 12 €, menu 23 € • Chambres à partir de 62 €/pers. en demi-pension.

LE POUVOIR DU CHOCOLAT

dans le Gers

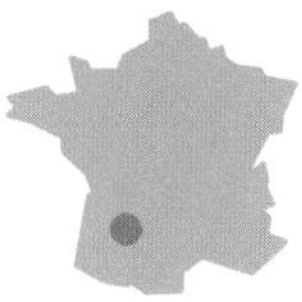

ACCÈS

En train | TGV Paris (gare Montparnasse) - Agen (3h30). Puis TER jusqu'à Lectoure (55 min).

En bus | Car SNCF Auch - Fleurance (30 min) • Agen - Fleurance (1h15).

DISTANCES

Bordeaux - Lectoure | 168 km.
Montpellier - Lectoure | 357 km.
Paris - Lectoure | 710 km.
Lectoure - Fleurance | 12 km.

PÉRIODE IDÉALE

- Toute l'année.
- Le Gers est riche de festivals, notamment l'été. Lectoure s'anime particulièrement en juillet avec les Festivals Du bleu au blues, À voix haute (autour de la lecture) ou encore l'Été photographique (de mi-juil. à fin sept.).

SE REPLONGER DANS L'ENFANCE, renouer avec de grands éclats de vie spontanés : serait-ce la clé pour retrouver de l'élan et prendre un peu de distance par rapport au réel ? Parfois, il s'agit d'une odeur, d'une musique ou d'un goût pour faire remonter les souvenirs d'un temps que l'on croyait oublié. Et si ce goût, c'était celui du chocolat ? Chocolat chaud avalé un après-midi d'hiver en rentrant de l'école, bonbon de chocolat pioché dans un coffret, quatre carreaux glissés dans une baguette... Croquer du chocolat, c'est s'offrir une escapade sensorielle, mais aussi s'ouvrir à de lointains horizons. Afrique, Asie, Amérique centrale et Amérique du Sud : le chocolat est aussi une invitation au voyage.

Un voyage qui aujourd'hui commence dans le Gers, au cœur de la Toscane française. La chocolaterie Éthiquable propose une immersion en terre cacaotée avec dégustation, une randonnée virtuelle dans les cacaoyères du Pérou et la découverte de la fabrication du chocolat. Dépaysement garanti avant de retrouver la douceur de vivre gersoise, ce subtil cocktail alliant la beauté des paysages, la richesse du patrimoine et la bonne chère, bien sûr !

OÙ DORMIR ?

L'HÔTEL PARTICULIER GUILHON

Une folie !

Thierry Gallardo a réalisé son rêve. Tout plaquer pour ouvrir une maison d'hôtes. Et quelle maison d'hôtes ! Un ancien hôtel particulier du XVIIe s., qu'il a entièrement repensé tout en gardant sa configuration originelle.

Résultat : 2 chambres et 3 suites luxueuses qui portent le nom de compositeurs (Poulenc, Lully, Mozart, Mancini et Verdi). Pourquoi ? Car le propriétaire est non seulement collectionneur d'art, mais aussi amateur d'opéra et ardent promoteur de l'art lyrique dans le Gers.

Les hôtes peuvent profiter de la piscine intérieure ou extérieure, d'un espace salon/salle à manger avec bibliothèque et cheminée. Et même se retrouver pour une dégustation de vins dans la majestueuse cave voûtée en briques. Un bijou.

Lectoure • 95, rue Nationale • 06 27 17 81 65 • http://hotel-particulier-guilhon.com • À partir de 170 € la nuit (petit déj. inclus) • Attention, pendant certaines périodes, résa 2 nuits minimum.

AUTRE HÉBERGEMENT

Le Florida (voir Jour 2).

L'OR BLEU

Au XVᵉ s., le pastel des teinturiers, prisé pour son bleu unique et ses vertus thérapeutiques, fit la richesse du pays. Détrôné par l'indigo, ce pastel ou « bleu de Lectoure » retrouve aujourd'hui ses lettres de noblesse grâce à une petite entreprise locale qui développe la culture, l'extraction et la production du pigment à l'usage des beaux-arts, de la décoration et du textile.

Bleu de Lectoure | Lectoure • 55, rue Alsace-Lorraine • 05 62 28 14 93 • www.bleu-de-lectoure.com

JOUR 1

LECTOURE

Porte d'entrée de la Lomagne gersoise, Lectoure est le point de départ idéal pour découvrir cette région que Stendhal surnommait la « Toscane française ». Perchée sur son éperon rocheux, la ville domine un paysage de vignes et de cyprès. Depuis les remparts, vous embrassez ce majestueux panorama sur le Gers et les Pyrénées et, en son sein, celle qui fut au Moyen Âge la résidence principale des comtes d'Armagnac abrite une richesse patrimoniale à donner le tournis.

Prenez le temps de flâner le long de la rue principale, bordée de superbes hôtels particuliers datant pour les plus anciens du XVIIᵉ s. Au centre du bourg, la cathédrale Saint-Gervais-et-Saint-Protais (XVᵉ s.) est une étape incontournable. Avec ses fontaines, jardins et ruelles ombragées, Lectoure est un véritable musée à ciel ouvert qui s'apprécie en toute saison. L'été, cet impressionnant patrimoine se dévoile au gré des expositions, projections, rencontres organisées dans le cadre du Festival l'Été photographique.

RESTAURANT RACINE

Au gré du marché

Laurence est québécoise, Lionel belge, et tous deux font souffler ce sens de l'accueil et cette simplicité si caractéristiques de leurs terres francophones. Dans cet ancien bistrot remis au goût du jour (banquettes grises, tables en bois et murs blanchis), Lionel sublime la nature avec pour credo antigaspi et locavorisme. Bien ancrés dans leur terroir, ils travaillent avec la fine fleur des producteurs, comme Maxime Suiffet, paysan boulanger qui fait un incomparable pain bio, ou la famille Maestrojuan, qui, en plus de leur fournir des vins des Côtes de Gascogne, produit de la moutarde. Le bon plan : les plats à emporter, qualité gastro à prix tout doux (plat 7 €, dessert 5 €).

Lectoure • 6, rue Fontélie • 05 62 28 07 41 • www.racinerestaurant.fr • Mar.-ven. 12h- 14h et 19h30-21h • Formule à partir de 25 €, menu enfant 18 €.

JOUR
2

VOYAGE EN TERRE CACAOTÉE

En 2022, la coopérative Éthiquable, leader français du commerce équitable, inaugurait sa chocolaterie bio et équitable. Une première en Europe, en plein cœur du Gers. Un projet réalisé en partenariat avec la coopérative péruvienne Norandino, qui l'approvisionne en cacao. Et bonne nouvelle : la coopérative a fait le choix d'ouvrir sa chocolaterie au grand public. L'occasion unique de se plonger dans cette fascinante épopée du chocolat, de la fève à la tablette.

La visite commence par une balade dans les cacaoyères du Pérou, qui proposent parmi les meilleures fèves au monde. On y trouve même une variété extrêmement rare : le cacao chuncho. On complète la découverte grâce à des dispositifs immersifs et à des échanges virtuels avec les producteurs, les agronomes qui partagent leur passion, mais aussi les enjeux de la culture du cacao. Plus qu'une visite c'est un voyage, une invitation à la réflexion sur notre consommation. Puis, grâce à de larges ouvertures sur les salles de production, on est plongé dans les coulisses de fabrication d'une tablette.

Vient enfin le clou de cette aventure : la dégustation. Appréciez tout d'abord la brillance et la couleur du chocolat, puis mettez un petit morceau dans la bouche, croquez pour libérer les arômes et laissez fondre. Amertume, acidité, notes de fleurs, de fruits ou d'épices ? Ressentez… et régalez-vous !

Éthiquable | Fleurance • 23, av. Robert Castaing • 05 62 06 05 06 • www.ethiquable.coop • Lun.-sam. 14h-18h30, hiver mar.-ven. 14h-18h30, sam. 10h-18h30 • Vis. guidée gratuite (45 min-1h30), atelier dégustation sur résa 5 €.

LE FLORIDA

Paradis chic

Bien plus qu'un hôtel, Le Florida fait partie de ces lieux bien ancrés dans leur territoire. Et ce, depuis 4 générations. Aujourd'hui, c'est Baptise Ramounéda, l'arrière-petit-fils des fondateurs, qui a repris l'établissement. Au-delà des 4 chambres mêlant meubles de famille et objets contemporains, il y a la table, locavore et bio, la possibilité de faire des retraites de yoga, des massages et de partir à la rencontre des meilleurs artisans de la région. Bref, Le Florida, c'est l'Amérique !

Castéra-Verduzan • 2, rue du Lac • www.lefloridagascony.fr • À partir de 150 € (petit déj. compris) • À midi, formule du marché 28 € (entrée-plat-dessert) ou menu en 4 services 58 € • Le soir, menu 58 et 75 €.

CHÂTEAU DE LAVARDENS

Le phénix du Gers

Fief des comtes d'Armagnac au XIIe s., la seigneurie de Lavardens est offerte par la mère d'Henri IV à Antoine de Roquelaure pour le remercier des services rendus à la famille. À la place de la forteresse féodale, ce dernier entreprend, au XVIIe s., de construire une nouvelle demeure plus confortable. Mais le château ne sera jamais achevé et passera de main en main au cours des siècles, jusqu'à tomber en ruine. En 1979, il est sauvé de la destruction par un passionné, Hubert Mothe, qui, grâce à l'art, a offert un nouveau destin à cette bâtisse maudite : Lavardens accueille régulièrement des expositions mettant en avant artisans et artistes du monde entier.

05 62 58 10 61 • https://chateaulavardens.fr • T.l.j. 10h-12h30 et 14h-18h • Entrée 5,50 €, vis. guidée dim. à 15h (6,50 €).

JOUR 3

SUR LE CHEMIN

À la croisée de deux chemins de Compostelle, le village de La Romieu, qui signifie « pèlerin » en gascon, n'usurpe pas sa place dans le classement des Plus Beaux Villages de France. Il abrite une des pépites patrimoniales du Gers, la collégiale Saint-Pierre, érigée au XIVe s. par le cardinal d'Aux et classée au Patrimoine mondial de l'Unesco. Dans l'église à nef unique avec deux imposantes tours, prenez le temps d'admirer les fresques qui ornent la sacristie du sol au plafond. Les anges du Jugement dernier, notamment, sont admirablement conservés. Goûtez ensuite à la sérénité qui émane du cloître aux arcades géminées, profitez du jardin pour méditer, lire ou simplement apprécier la beauté des lieux.

Collégiale | La Romieu • Rue du Docteur Lucante • www.la-romieu.fr • 05 62 28 86 33 • Lun.-sam. 10h-17h30, dim. 14h-18h30 • Entrée 5 €.

ALLONS VOIR SI LA ROSE...

Pour jouir d'une superbe vue sur l'église depuis un havre de verdure, rendez-vous aux jardins de Coursiana, légèrement à l'écart du village. Jardin à l'anglaise, plantes aromatiques et médicinales, arboretum et verger familial se découvrent dans ce vaste parc. En mai, ne ratez pas la fête des Rosiers avec une grande vente aux jardins, qui disposent d'une collection de plus de 350 variétés.

Jardins de Coursiana | La Romieu • Ouv. mi-avr.-oct. • 05 62 68 22 80 • www.jardinsdecoursiana.com • Entrée 8 €.

BAIN DE FORÊT
en Auvergne

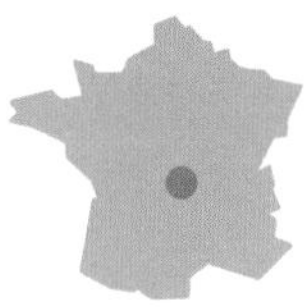

ACCÈS

En train | Intercités Paris (gare de Bercy) - Clermont-Ferrand : 3h55.

Intercités Lyon (gare de Part-Dieu) - Clermont-Ferrand : 2h30.

En bus | Lyon (gare Perrache) - Clermont-Ferrand : 2h15.

DISTANCES

Lyon - Mont-Dore | 214 km.

Bordeaux - Mont-Dore | 344 km.

Paris - Mont-Dore | 466 km.

Mont-Dore - Besse-et-Saint-Anastaise | 26 km.

SORTIE BAIN DE FORÊT

- Prévoir des vêtements confortables et adaptés à la saison ainsi que des chaussures confortables.
- Aucune exigence sportive requise.

PÉRIODE IDÉALE

Toutes les saisons sont appréciables, mais l'automne est peut-être la plus envoûtante, lorsque les arbres se parent de couleurs flamboyantes.

LA NATURE À L'ÉTAT BRUT... Venez goûter à ses pouvoirs régénérants au cœur du Massif central, entre volcans et forêts. Vous partez d'abord à la découverte de Besse, petite cité de caractère, ville commerçante de montagne bâtie en pierre volcanique. Après avoir flâné dans les ruelles pavées, offrez-vous une première respiration, grandeur nature, autour du lac Pavin. Les mystères et les légendes qui l'entourent viendront nourrir votre imagination.

Puis direction les monts Dore, sur les pentes du volcan du puy de Sancy. Dans ce lieu très prisé des randonneurs, c'est à un bain de forêt que vous allez vous adonner pour prendre toute la mesure des pouvoirs des arbres. En cheminant, laissez-vous guider par vos cinq sens pour accueillir pleinement cet appel de la forêt. Appréciez la douceur de la mousse, la fraîcheur de l'air, le chant des oiseaux ou le bruissement du vent. Grâce à cet éveil des sens, vous ressentez cette énergie nouvelle qui vient vous faire vibrer. Fermez les yeux. Il y a fort à parier que vous ne verrez plus jamais les arbres comme avant...

JOUR

1

OÙ DORMIR ?

LE PONT DU ROY

Nid douillet

Parquets, poutres apparentes et ambiance maison de famille pour les 5 chambres de cette imposante bâtisse en pierre qui fut jusqu'au début du XXe s. un hôtel de plus de 20 chambres. En 2014, Hans et Petra, un couple venu des Pays-Bas, ont fait revivre le lieu en maison d'hôtes et se mettent en quatre pour vous recevoir.

Dans le jardin, en bordure de rivière, on goûte aux beaux jours à la quiétude du lieu tout en étant à 5 min seulement du centre-ville. Le petit déjeuner est aussi délicieux que copieux.

Besse-et-Saint-Anastaise • 2, rue de Clermont • 07 79 07 88 99 • www.lepontduroy.fr • Chambre double à partir de 75 €.

AUTRE HÉBERGEMENT

La Mongolie en Auvergne (voir Jour 2).

BESSE, CITÉ MÉDIÉVALE AU CŒUR DES VOLCANS

Dédale de rues pavées, belles demeures et beffroi, la ville de Besse est un joyau de l'époque médiévale, posée sur un plateau à 1 000 m d'altitude et entourée de volcans. La pierre volcanique donne tout son charme à la cité, qui fut jadis le fief des Médicis.

Entrez dans la ville par la porte du Beffroi, la seule de la ville bâtie dans le rempart qui subsiste aujourd'hui. Depuis la place Pipet, prenez la ruelle qui mène à la maison du boucher : bâtie au XVe s., elle a abrité une boucherie jusque dans les années 1980. Dans cette ruelle se dresse également une riche maison commerçante édifiée au XVe s., dite « de la reine Margot » : Marguerite de Valois y aurait passé la nuit du 16 octobre 1586.

Ne manquez pas le château du Bailli, résidence du représentant des seigneurs de La Tour-d'Auvergne, chargé de collecter l'impôt et de faire respecter la justice. Faites également une halte au Jardin clos d'inspiration médiévale par son organisation en carrés avec des espaces définis selon les usages : le potager, les médicinales, les utilitaires et les senteurs. Découvrez ainsi l'histoire de la commune à travers l'usage des plantes. Tout au long de votre balade, levez les yeux et observez les portes armoriées non pas des blasons de familles nobles, mais des bourgeois qui ont fait la prospérité de la ville.

Notre conseil : suivre le circuit de découverte de l'architecture et du patrimoine de Besse (14 panneaux).

LE LAC PAVIN

Ses eaux parfois turquoise, parfois très sombres, ne cessent d'émerveiller les visiteurs. Né il y a 7 000 ans d'une éruption volcanique, ce lac, le plus profond d'Auvergne (92 m), enchâssé dans les forêts et les roches, est l'objet de mystères et de légendes depuis le Moyen Âge.

Deux randonnées sont possibles pour faire le tour du lac : l'une de 1h environ, sans dénivelé, l'autre de 2h30-3h (200 m de dénivelé), qui passe par le puy de Montchal et offre de superbes points de vue. Plus sportive, mais moins fréquentée.

FROMAGERIE CHEZ CHANTAL

Tout un fromage

L'Auvergne est indissociable de ses volcans. Elle l'est aussi de ses fromages. Cantal, saint-nectaire, fourme d'Ambert, bleu d'Auvergne et salers : les cinq stars de la région ne doivent pas éclipser la multitude de fromages moins renommés, mais qui font également la richesse du patrimoine culinaire de la région. À découvrir à la fromagerie Chantal en fonction de vos goûts et envies.

Besse-et-Saint-Anastaise • 3, rue Mercière • 04 73 79 57 26 • Mar.-ven. 8h-12h et 14h-18h.

MUSÉE DU SKI

Saviez-vous que le ski remontait aussi loin que 2 500 ans av. J.-C. ? Pour tout savoir de son histoire, rien de mieux qu'une visite du musée créé par Pierre-André Chauvet, dont la famille est installée à Besse depuis le XIXe s. Pendant plus de 15 ans, ce passionné a réuni documents et matériels en tout genre. Et il assure la visite. Original et instructif.

Besse-et-Saint-Anastaise • 11, rue de la Boucherie • 04 73 79 57 30 • Ouv. 9h-12h et 14h-18h (hors vac. scol. tél. pour prévenir) • Entrée 4,50 €.

JOUR 2

BAIN DE FORÊT AU MONT-DORE

Après le bain de soleil ou le bain de mer, si vous vous jetiez dans un bain de forêt ? Il s'agit d'un concept venu du Japon et reconnu depuis 1982 comme une médecine préventive. En France, la sylvothérapie (*shinrin-yoku* en japonais) compte de plus en plus d'adeptes. En plein cœur du Massif central, à plus de 1 000 m d'altitude, vous goûterez aux bienfaits de la forêt sur le premier sentier « sylvatique » de France. Sans aucune difficulté, sur 1 km seulement, il est jalonné de cinq spas – grandes baignoires en bois, sans eau – dédiés aux cinq sens. Tout au long du parcours, des panneaux offrent de nombreuses explications sur les différentes essences d'arbres et leurs bienfaits.

Oubliez votre téléphone portable et laissez votre corps vous guider. Marchez à votre rythme, arrêtez-vous là où bon vous semble. Et si vous preniez le temps de ralentir, de respirer et de ressentir. Écoutez le chant des oiseaux et le bruissement des feuilles, regardez les nuances de vert des feuilles, touchez l'écorce des arbres, sentez les essences, goûtez à la fraîcheur de l'air. Pleinement à l'écoute de vos sens, vous vivez pleinement cette expérience, vous vous laissez imprégner par la forêt… vous voilà reconnecté à la nature et ainsi reconnecté à vous-même !

Sylvatorium | Mont-Dore • Salon du Capucin • 04 73 65 20 21 • Tte l'année • Accès libre.

LA YOURTE DU SANCY

La Mongolie en Auvergne

Dans un cadre enchanteur, offrez-vous une nuit dans une yourte arrivée tout droit des steppes mongoles. Peinture à la main, isolation naturelle et poêle à bois, dotée d'un lit double, de deux lits superposés et d'un lit simple. Sans Wifi, sans électricité, la déconnexion est garantie, et la magie d'un séjour harmonieux assurée. Le confort et le charme aussi.

Vos hôtes habitent la ferme du Guéry, à 1,5 km de la yourte. Le matin, Cédrick, qui est boulanger, vient livrer un petit déjeuner avec un pain chaud irrésistible et des confitures faites maison. Son épouse, Émeline, coach thérapeute en technique de liberté émotionnelle, propose des séances personnalisées. Le soir, possibilité de vous faire livrer un dîner végétarien, local et de saison, dont les produits sont issus de la cueillette, du potager et des maraîchers bio alentour. Une expérience unique.

Ferme du Guéry | Mont-Dore • 06 87 84 55 57 • www.fermeduguery.fr • À partir de 110 € la nuit (2 pers.) • Malle repas pour le dîner 25 €/pers., commander la veille.

LES FÉES MÈRES

Restaurant bistronomique

Après avoir fait ses classes chez Glenn Viel, Hélène Darroze et Georges Blanc, le chef Thomas Perron, enfant du pays, est revenu aux sources en 2017. Avec son restaurant les Fées mères, il fait souffler un vent bistronomique sur ses terres d'Auvergne. Le chef prépare tout sur place, du pain jusqu'aux glaces. Et s'approvisionne localement.

Mont-Dore • 21, rue Jean Moulin • 04 73 21 52 33 • www.restaurantlesfeesmeres.fr • Menu midi à partir de 26 €.

JOUR 3

CHÂTEAU DE MUROL

Juchée sur un promontoire à 1 000 m d'altitude, la forteresse offre une vue splendide sur le massif du Sancy. Commencez la visite par le chemin de ronde pour vous imprégner de ce décor saisissant. Plongez-vous ensuite dans l'histoire du château, édifié au XIIIe s. à l'intersection de trois voies romaines et considérablement modifié au XVIe s. Vous pourrez visiter les différentes pièces reconstituées en compagnie de personnages costumés et découvrir la vie de Guillaume de Murol, petit seigneur auvergnat qui joua un rôle essentiel pour le renforcement de son fief au XIVe s. Ou partir à l'assaut de Murol en compagnie des cavaliers qui vous emporteront dans de folles joutes équestres.

Les animations feront le bonheur des enfants, notamment l'entraînement militaire des petits chevaliers. Si vous venez en été, privilégiez la fin de journée pour assister à la visite aux flambeaux à partir de 20h30. Une visite contée et de nuit : rien de mieux pour s'évader !

04 73 88 82 50 • www.murolchateau.com • Ouv. 10h-20h ou 19h ou 18h, nov.-déc. 14h-17h • Formule journée + soirée : 20 € • Résa recommandée.

YOGA DU FROID
dans les Alpes

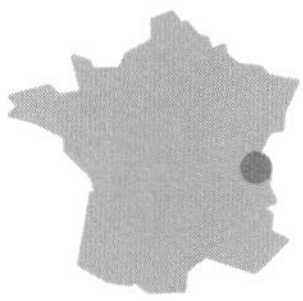

ACCÈS

En train | De Paris (gare de Lyon) jusqu'à Cluses ou TGV Lyria Paris-Genève puis Leman Express jusqu'à Cluses ; liaison Cluses - Samoëns par le bus régional Y94.

DISTANCES

Genève - Samoëns | 60 km.

Lyon - Samoëns | 200 km.

Paris - Samoëns | 600 km.

YOGA DU FROID

- S'habiller chaudement en cumulant plusieurs couches à pouvoir enlever et remettre progressivement.
- Raquettes fournies.
- De mi-déc. à mi-avr., sur résa au moins 1 sem. en amont.
- Condition d'enneigement sine qua non.

PÉRIODE IDÉALE

Janvier et février sont les mois les plus enneigés, en évitant les vacances scolaires pour plus de tranquillité.

RIEN QUE LE DÉCOR DE CE SÉJOUR EST PROPICE À LA DÉCONNEXION. Une station-village haut-savoyarde, chaleureuse et pleine d'authenticité, au cœur de la belle vallée du Giffre. Tout autour de vous, sept monts qui donnent leur nom à Samoëns, où vous posez vos valises, et à ses habitants, les Septimontains.

C'est dans ce cadre féerique de montagnes enneigées que vous découvrez le yoga du froid, une pratique originaire des contreforts de l'Himalaya. Dit comme cela, cela peut faire peur… mais *no stress* ! Avec Claire Philipczyk, votre accompagnatrice en montagne et enseignante en yoga, vous partez surtout pour une balade en raquettes, ponctuée de postures de yoga basiques et d'exercices de respiration. Avec la liberté de plus ou moins vous dévêtir pour mieux vous exposer au froid.

Objectif : activer votre chaleur interne pour gagner en sérénité. Lors de ce week-end, prenez aussi le temps de flâner autour du gros tilleul de Samoëns, accordez-vous une pause « spa » avec vue sur les sommets, appréciez des plats typiquement savoyards ou plus créatifs… Bien-être et bien-vivre vont ici de pair !

OÙ DORMIR ?

LA FERME D'EN BAS

Ambiance chalet savoyard

Cachées dans une ancienne ferme rénovée, 4 chambres à la déco typiquement montagnarde. Tout en bois et tons rouges, blancs et gris, sans oublier les fameux cœurs savoyards... Ultra-cosy ! Profitez aussi d'un spa extérieur (encore plus réchauffant l'hiver) et savourez confiture maison, yaourt ou miels locaux et brioche qui sort du four au petit déj. Trois soirs par semaine (lun., mer. et ven.), la maison fait table d'hôtes au coin du feu.

Samoëns • 483, route de Vallon d'En Bas • 04 50 34 95 32 • www.vallonsdenbas.com • Nuitée : 93 €/2 pers. (petit déj. inclus) ; table d'hôtes : 30 €/pers. (à réserver avant 10h).

HÔTEL LE MORILLON

Un chalet-hôtel

Chambre standard, à la déco « montagnarde » avec vue sur le village et un balcon pour la plupart. Espace bien-être avec piscine (intérieure et extérieure), jacuzzi, sauna, hammam...

Morillon • 135, route de Samoëns • 04 50 90 10 32 • www.hotellemorillon.com • 126-205 €/nuit, 3 nuits min. (sf vac. scol. : 1 sem. min.) ; petit déj. 17 €.

JOUR

1

FLÂNERIE DANS LE CŒUR MÉDIÉVAL DE SAMOËNS

Samoëns, c'est un petit bijou niché dans un merveilleux écrin. Tombez sous le charme de ce « vrai » village montagnard, aussi authentique que vivant, considéré comme l'un des plus beaux de Haute-Savoie. Flânez dans son cœur médiéval, avec ses rues pittoresques, ses maisons en pierre cossues, ses anciennes halles... et aussi son Gros Tilleul. Un beau « pépère » de 600 ans (et quelques), haut de 20 m et affichant 9,50 m de diamètre. Cet arbre remarquable est l'un des emblèmes de Samoëns, avec le Criou qui figure parmi les sept monts qui entourent le village. Assis, bien emmitouflé, aux terrasses des bars et restos qui animent le bourg, il vous suffit de lever les yeux pour contempler la montagne.

LE 8M DES MONTS

Resto-bistrot-bar

Une carte courte et efficace, favorisant le bio et les produits locaux. Les plats, classiques ou plus créatifs, changent régulièrement et sont accompagnés de vins nature de préférence. En entrée, testez le crioutin, la spécialité de la maison : un fromage frais *made in* Samoëns, préparé en feuille filo, cuit au four et servi avec des légumes de saison. L'autre atout de ce resto d'« habitués » : un accueil fort sympathique !

Samoëns • Pl. de l'Église • 04 50 21 30 01 • Facebook : le 8M des monts • T.l.j. midi et soir, sf jeu. midi et dim. tte la journée • Crioutin 12 €, plat 20-25 €.

LE BERCEAU DES FRAHANS

Samoëns est la patrie des Frahans, des tailleurs de pierre renommés qui ont notamment œuvré pour Vauban ou Napoléon Bonaparte. Retrouvez leurs traces partout dans le village : des motifs floraux sur les linteaux, une fontaine ornée d'un dauphin, des parterres en tête de chat, des détails funéraires... qui se mêlent aux créations du Symposium des Sculptures organisé ici tous les deux ans.

« Guide des circuits de la Pierre taillée », à télécharger sur www.samoens.com

JOUR 2

YOGA DU FROID, AVEC VUE SUR LE MONT BLANC

Aujourd'hui, attisez votre « feu intérieur ». Prisé des moines bouddhistes tibétains, le toumo vise à aider le corps et l'esprit à émettre suffisamment de chaleur, même en étant exposé à des températures basses. Un yoga du froid dont s'inspire Claire Philipczyk, guide-accompagnatrice et enseignante en yoga. Suivez-la en raquettes, sur les hauteurs de Samoëns. Selon le niveau d'enneigement et la météo, vous vous baladez, sans grand dénivelé ni difficulté, dans les alpages des Rutines, vers le col de Joux Plane ou le cirque du Fer-à-Cheval… Et toujours avec vue 360° sur le mont Blanc.

Arrêtez-vous une première fois pour déverrouiller le corps, des pieds aux épaules. Puis travaillez la zone du bassin, reliée à l'énergie du feu. Enchaînez randonnée, asanas (des postures basiques et toutes debout) et pranayamas (exercices de respiration), pour mieux faire circuler la chaleur jusqu'aux extrémités de votre corps. Au fur et à mesure, et surtout au feeling, enlevez votre veste, votre pull, voire même plus…

Ainsi exposé au froid, vous renforcez votre système immunitaire, améliorez la qualité de votre sommeil, apaisez votre mental. Finissez par un temps de méditation assis dans la neige… Les plus téméraires peuvent même oser un shavasana, « la » posture de relaxation, allongé sur le dos, torse nu !

Quintessence | Samoëns • 06 72 62 24 64 • www.nature-quintessence.fr • Lieu de rendez-vous fixé par téléphone (covoiturage jusqu'au départ du parcours) • Durée : env. 2h pour le yoga du froid, prévoir ½ j. avec le trajet • 120 € la demi-journée (à diviser par le nombre de participants).

SKI JOËRING

Du ski à cheval...

Découvrez la vallée du Giffre en alliant plaisir du ski et du cheval. Venu tout droit de Scandinavie, le ski joëring consiste à se faire tracter à ski par un cheval ou un poney. Pas besoin d'être cavalier ni d'avoir un bon niveau de ski, il suffit de savoir tenir debout dessus. Une balade 100 % nature et ludique, à effectuer au pas en mode contemplation ou au galop pour une virée plus sportive... À vous de décider !

Equita Passion | Morillon • Route du Lac bleu • 06 03 57 17 01 • www.equita-passion.sitew.com • T.l.j. sur résa • Durée : 45 min (dont 5 min d'explications) • Tarif : 38 €/pers. (à 2 par cheval), 55 €/pers. en solo.

LA TABLE DE FIFINE

Bistronomie de montagne

Cuisine faite maison et de saison pour cette auberge de montagne. La carte propose quelques spécialités savoyardes (fondue traditionnelle ou au champagne et morilles, gratin de ravioles), mais surtout des plats bistronomiques travaillés par un chef inspiré. C'est généreux, parfois un brin décalé et servi dans une atmosphère chaleureuse (matériaux anciens et déco chinée).

Samoëns • 612, chemin de la Cour • 04 50 34 10 29 • www.latabledefifine.com • Mar-sam. 19h-21h30, dim. 12h-13h30 et 19h-21h30 • Plats 22-35 €, fondue traditionnelle 24 €/pers.

JOUR 3

PARENTHÈSE BIEN-ÊTRE AU SPA

Buller dans un jacuzzi quand tombe la neige dehors... le rêve ! C'est top aussi par froid sec. Offrez-vous un moment détente dans un espace bien-être de 1 000 m² en plein cœur de Samoëns. Délassez-vous dans la piscine intérieure chauffée, enchaînez sauna et bain nordique, puis hammam et douche froide. Sous la douche sensorielle, vous passez d'une fine pluie tropicale à une brume froide et enfin une intense pluie d'orage... Laissez-vous ensuite chouchouter lors du massage signature « Pure altitude », par exemple, avec application de serviettes chaudes. Il ne vous reste plus qu'à passer au salon de relaxation face au Mur de Sel de l'Himalaya : lâcher-prise garanti !

Spa Montagnes du Monde de l'hôtel-résidence Alexane | Samoëns • 20, av. du Giffre • 04 50 78 64 20 • T.l.j. sur résa • Accessible à la clientèle extérieure avec tout soin de 50 min (105-120 €).

L'ACCORDÉON

Bistrot-cantine et brunch

Pâtes fraîches artisanales (et locales), croques maison dans du pain aux graines, salades composées, bagels et autres grignotages pour contenter toutes les petites faims. On y vient pour le café, pour déjeuner ou pour un apéro dînatoire. Le dimanche, c'est aussi jour de brunch avec granola, pancakes sucrés, gaufre ou muffin salé... Événements, rencontres, concerts intimistes y sont régulièrement organisés.

Samoëns • 132, av. Cognacq-Jay • 04 50 89 94 20 • Facebook : L'accordéon, Bistrot-Cantine • T.l.j. 10h-22h, sf dim. soir et lun. • Pâtes 17-18 € ; croque maison 14 € ; brunch : plat sucré à 5-6 €, plat salé à partir de 12 €.

ON SE JETTE *à l'eau*

BALNÉOTHÉRAPIE AUX THERMES SEXTIUS

à Aix-en-Provence

ACCÈS

En train | Gare Aix-en-Provence TGV, à 18 km du centre-ville • TGV depuis Paris (gare de Lyon ; env. 3h) ou Lyon (env. 1h30) • Navette gare TGV - centre-ville toutes les 30 min.

DISTANCES

Nice - Aix-en-Provence | 178 km.
Lyon - Aix | 300 km.
Paris - Aix | 760 km.

PARCOURS AQUA-SENSORIEL

- Prévoir un maillot de bain et des claquettes.
- Toute l'année. Soins à la carte sur réservation.

PÉRIODE IDÉALE

Au printemps ou à l'automne, les arrière-saisons sont très agréables, mais la formule est envisageable toute l'année.

UN WEEK-END DÉDIÉ AU BIEN-ÊTRE par l'eau, mais aussi par l'art ! Au cœur de la cité d'Aix-en-Provence, les Thermes Sextius offrent l'écrin idéal, chic et épuré pour prendre soin de soi. Spa, hydro-balnéothérapie, massages, cours de yoga ou de méditation… on se concocte une journée détente sur mesure avec un seul objectif : se faire du bien. Avant et après, on profite des autres merveilles d'Aix, à commencer par son centre piéton, égayé de fontaines et ponctué de nombreux lieux culturels.

Imaginez que les Romains, déjà, usaient des bienfaits des « eaux de Sextius » ! Fondée en 123 av. J.-C., Aquae Sextiae fut en effet bâtie à proximité de sources naturellement chaudes (à 33 °C), dont les propriétés furent utilisées des siècles durant. Aix-en-Provence en pérennise le nom et s'est vu décerner le titre de « Ville d'eau, ville d'art ».

Pour une petite bouffée de nature, pas besoin d'aller très loin : la silhouette de la Sainte-Victoire se découpe à l'horizon tandis que la campagne alentour regorge de domaines viticoles super intéressants.

OÙ DORMIR ?

MAISON JALON

L'adresse de charme

À l'orée de la ville, cette maison d'hôtes est un havre de tranquillité, dans lequel l'architecture ultra-contemporaine contraste avec la déco chinée très chaleureuse. On opte pour l'une des 4 chambres à l'étage, plus craquantes les unes que les autres. En bonus : une belle piscine d'azur nous fait de l'œil au fond du jardin.

Aix-en-Provence • 2575, route de Puyricard • 06 21 35 57 60, 07 77 00 41 76 • www.maisonjalon.com • Nuitée à partir de 140 € (2 pers.) avec petit déj. • Arrêt de bus pour Aix centre à 5 min à pied.

AUTRE HÉBERGEMENT

Hôtel des Augustins | Aix-en-Provence • 3, rue de la Masse • 04 42 27 28 59 • https://hotel-augustins.com • À partir de 99 € (2 pers.).

JOUR 1

FAIRE LE PLEIN D'ART

Aix-en-Provence n'a pas volé sa réputation en matière artistique : hôtel de Caumont, musée Granet, parcours Cézanne... Ici se sont donné rendez-vous des chefs-d'œuvre signés Rembrandt, Cézanne, Giacometti, Renoir, Monet, Van Gogh, Picasso, Braque, de Staël et tant d'autres ! C'est également un plaisir de déambuler dans le centre piéton et de faire, au passage, un brin de shopping (le marché se tient tous les matins), une pause gourmande (ah, les fameux calissons !) ou de siroter un verre sur l'une des terrasses du cours Mirabeau. Le soir venu, vous pouvez tenter votre chance pour assister à un ballet Preljocaj au Pavillon Noir (530, av. Mozart • 04 42 93 48 14 • preljocaj.org).

Musée Granet | Aix-en-Provence • Pl. Saint Jean de Malte • 04 42 52 88 32 • www.museegranet-aixenprovence.fr • Mar.-dim. 12h-18h • Entrée 6 €.

LE CAFÉ CAUMONT

Escale gourmande et culturelle

Le café s'est installé dans les magnifiques salons de l'hôtel de Caumont, hôtel particulier du XVIIIe s., et sur la terrasse donnant sur les jardins à la française. Sa cuisine simple, mais ultra-fraîche, mêle habilement toutes sortes de végétaux. Des belles salades aux formules midi en passant par le brunch, la halte est toujours réussie !

Hôtel de Caumont | Aix-en-Provence • 3, rue Joseph Cabassol • www.caumont-centredart.com • T.l.j. 10h-19h • Plats 18-25 €, formules 24-33 € • Pas de résa : arrivez en avance !

SUR LES PAS DE CÉZANNE

À l'Atelier des Lauves (son ancien atelier), pénétrez dans l'intimité du peintre Paul Cézanne et, dans son cabanon des carrières de Bibémus, puisez l'inspiration en direct : vous voilà face à la Sainte-Victoire, tel qu'il le fut son pinceau à la main !

Rens. : www.cezanne-en-provence.com

Circuit Cézanne : www.aixenprovencetourism.com > Profiter > Activités et Loisirs.

JOUR 2

PARCOURS SENSORIEL AUX THERMES SEXTIUS

Si quelques vestiges antiques rappellent que les Romains appréciaient ici les bienfaits d'anciennes sources chaudes, le décor est aujourd'hui résolument moderne. Vastes et épurés, les lieux invitent à la relaxation. Commencez par un hammam tiède aux herbes aromatiques, avant de passer sous une douche « expérience », qui recrée de façon ludique une atmosphère tropicale. Faites une pause au sauna finlandais, puis vivifiez votre organisme à la fontaine de glace ! Encadré de baies vitrées, le bassin à remous sera idéal pour évacuer toutes vos tensions.

Pour une séance plus complète, optez pour le programme « Essentiel » ou « Recharge énergétique ». Combinant plusieurs soins d'hydrothérapie, ils vous permettront de tester l'aérobain, avec stimulation douce de la circulation sanguine, ou la douche au jet, favorisant l'élimination des toxines. Essayez également le Bertholaix® : cette invention aixoise est une sorte de fauteuil mêlant vapeurs et hydrojets. Laissez-vous ensuite envelopper d'argile verte reminéralisante ! Terminez par un gommage, au sel, au sucre ou au café.

De mai à octobre environ, vous pourrez profiter de la piscine extérieure chauffée. Le corps enfin délassé, détendez-vous en sirotant l'une des fameuses tisanes de l'herboristerie du Père Blaize.

Aix-en-Provence • 55, av. des Thermes • 04 42 23 81 82 • www.thermes-sextius.com • Lun.-sam. 9h30-19h30 • Accès spa sensoriel : 45-60 € (gratuit si résa de soin ou programme), programme Essentiel 105 €, Recharge énergétique 135 € • Prévoir maillot de bain et claquettes ; peignoir et serviette fournis.

SOINS À LA CARTE

Massage ciblé et cours de yoga

N'hésitez pas à vous offrir l'un des soins à la carte… Le massage « Angel in God » a, par exemple, été spécialement conçu en collaboration avec le chorégraphe Angelin Preljocaj pour ses danseurs et cible nos sept chakras (points d'énergie du corps). Enfin, jetez un coup d'œil au programme « Yoga et méditation » proposé par les thermes.

Thermes Sextius • Soins 32-135 €, massage Angel in God 120 € (60 min) • Cours Yoga et méditation à partir de 8,50 €.

RESTAURANT LE VINTRÉPIDE

Gastronomie et vin

Dans ce restaurant à vins, on goûte d'excellents crus tout en savourant des plats raffinés, travaillés avec des produits parfaitement sourcés (poissons sauvages, viandes de race, légumes locaux…). Peu de choix, mais une qualité irréprochable !

Aix-en-Provence • 48, rue du Puits Neuf • 04 28 31 16 41 • www.vintrepide.com • Mar.-sam. midi et soir • Menu midi 25 €, plats 18-28 €.

JOUR 3

UNE BALADE À VÉLO ÉLECTRIQUE

Envie de pédaler à votre rythme ? Rien de plus facile : louez un vélo électrique pour une escapade bucolique autour de la ville. Vous pourrez aisément rejoindre les carrières de Bibémus, la villa La Coste ou entreprendre d'autres parcours conseillés par le prestataire.

Aixtratour | 06 60 61 62 80 • https://aixtratour.com • Location demi-journée • 25 €, vis. guidée 45 €.

Stations Bees | Le Tholonet • Pl. du Ferrageon • 07 81 64 47 34 • www.stationsbees.com • Location demi-journée 30 €, journée 40 € • Mars-oct. t.l.j. 9h-13h et 14h-18h, nov.-fév. sur résa.

BALADE ART, VIN ET ARCHITECTURE

Face aux montagnes du Luberon, le château La Coste est plus qu'un domaine viticole : sa promenade « Art et architecture » invite à une déambulation fabuleuse, entre garrigues, bois, vignes, oliviers et œuvres d'envergure... Louise Bourgeois, Alexander Calder, Tadao Ando, Renzo Piano, Jean Nouvel, Frank Gehry ont ainsi signé quelques-unes des créations jalonnant le parcours. Une belle manière de s'imprégner de l'art et de la nature, tout en terminant agréablement par une dégustation de vins (bio) !

Château La Coste | Le Puy-Sainte-Réparade • 2750, route de la Cride • 04 42 61 89 98 • https://chateau-la-coste.com • T.l.j. 10h-19h • Entrée 15 €.

RESTAURANTS DU CHÂTEAU LA COSTE

Restos à la carte

Plutôt déjeuner dans un écrin de verre ? Soirée guinguette près de la fontaine ? Pizza au feu de bois sous la tonnelle ? Bistronomie argentine dans une ambiance stylée ? Ou carrément soirée étoilée signée Hélène Darroze ? ! À la Villa La Coste, vous aurez le choix.

Café Tadao Ando | 04 42 61 89 98 • Plats 12-30 €.

La Terrasse | Pas de résa • T.l.j. 10h-21h30, hiver sam.-dim. 10h-18h • Plats 14-24 €.

Francis Mallmann | 04 42 91 37 37 • Plats 34-102 €.

Vanina | 04 42 91 37 38 • Plats 18-30 €.

Hélène Darroze | 04 42 28 35 59 • Menu midi 85-138 €, soir 138-170 €.

SPA DANS LES ARBRES
et Giverny

ÉVASION PRINTANIÈRE

pour un séjour au vert ! Quiétude, sérénité... à la saison des bourgeons, adonnez-vous à un « Déjeuner sur l'herbe » ou à une « Impression, soleil levant ». Vous avez deviné où l'on part ce week-end ? Oui, à Giverny ! Destination bucolique et ambiance artistique pour une déconnexion totale, à tout juste 1 heure de Paris.

Non loin de là, au cœur d'une somptueuse forêt domaniale, le Spa Nuxe La Licorne vous propose une expérience singulière de relaxation et de lâcher-prise. En plus d'un espace bien-être de 600 m², détendez-vous au sein d'une cabane haut perchée... dans un séquoia séculaire ! Le programme du jour ? Vivre en peignoir, ne rien faire, se la couler douce, paresser au soleil, à la piscine ou au hammam, profiter du calme ambiant.

Au cours de ce séjour, vous pourrez découvrir ou redécouvrir Giverny et les jardins iconiques de Claude Monet. Du côté de Vernon, ne manquez pas l'incontournable Vieux Moulin, suspendu au-dessus de la Seine, et le musée où s'admirent d'authentiques toiles de Monet.

ACCÈS

En train | TER Paris (gare Saint-Lazare) - Vernon-Giverny (env. 50 min) • TER Rouen - Vernon-Giverny (env. 40 min) • TER Le Havre - Vernon-Giverny (env. 1h50).

Navette | Entre la gare de Vernon-Giverny et le village de Giverny ; sinon, 5 km à pied.

DISTANCES

Paris - Acquigny | 110 km.
Reims - Acquigny | 251 km.
Lille - Acquigny | 286 km.
Acquigny - Lyons-la-Forêt | 45 km.

PÉRIODE IDÉALE

Au printemps– au moment où la floraison se pare de ses plus belles couleurs – et à l'automne : chaque mois, un nouveau tableau naturel se crée et évolue tout au long des saisons.

OÙ DORMIR ?

LE VIEUX LOGIS

Chambres d'hôtes théâtrales

Au creux du doux village d'Acquigny, une magnifique demeure du XVIe s. vous accueille, avec colombages, pierres blanches, poutres sculptées et glycine en fleur. Trois chambres spacieuses, intimistes et lumineuses sont aménagées au 1er et au 2e étage. La propriété abrite également un théâtre secret créé par Sacha Guitry !

Profitez des nombreuses explorations touristiques alentour. L'Eure est à deux pas, avec commerces et restaurants.

Acquigny • 4, rue Aristide Briand • 06 98 92 43 68 • Résa : www.gites-de-france-normandie.com • www.vieuxlogis.wixsite.com/acquigny • Nuitée à partir de 90 €.

AUTRE HÉBERGEMENT

Le Jardin des Plumes (voir Jour 2).

JOUR 1

GIVERNY, BERCEAU DE L'IMPRESSIONNISME

À 75 km de Paris se cache un petit havre de paix, Giverny. Passé les portes de la région normande, mettez le cap sur le village de Claude Monet. Il y a vécu 43 années et y a puisé sa principale inspiration. Flânez au village, poussez les portes des ateliers d'artistes, contemplez les maisons à colombages et les somptueuses propriétés, comme le moulin des Chennevières.

La balade continue avec les jardins de Monet : le clos normand, fleuri et organisé, et le jardin d'eau, connu pour son pont japonais et ses nymphéas

– ceux-là mêmes qui ont inspiré la série de toiles iconiques du peintre. Jardinier à ses heures perdues, il souhaitait créer un espace coloré toute l'année, un tableau vivant qui se mue au gré des saisons et des floraisons.

Façade rose, volets verts, salle à manger jaune canari, cuisine en carreaux bleu de Rouen… la maison de Monet est haute en couleur ! De la lumière entre par les grandes ouvertures et des tableaux inondent les murs (tous des reproductions). À l'étage, la chambre du peintre est sublime, décorée des œuvres de ses amis artistes : Renoir, Cézanne ou encore Berthe Morisot.

Giverny • 84, rue Claude Monet • 02 32 51 28 21 • Avr.-nov. 9h30-18h (dernière admission à 17h30) • Calendrier des floraisons et résa : www.fondation-monet.com • Entrée 11 €.

MUSÉE DES IMPRESSIONNISTES

Impressionnez-vous !

Parmi les ruelles de Giverny, un lieu se tapit, discret, caché. Bonnard, Monet, Degas, Renoir… vous y découvrez l'histoire de l'impressionnisme, ses débuts, son rayonnement et ses influences. Chaque année, retrouvez une splendide collection d'œuvres d'art et une exposition temporaire inédite. Prenez ensuite le temps de vous promener dans la prairie de coquelicots attenante.

Pour midi, arrêtez-vous à la Brasserie des Artistes, au cœur du musée, une référence en la matière, avec ses bons petits plats du jour.

Giverny • 99, rue Claude Monet • 02 32 51 94 65 • www.mdig.fr • Ouv. 10h-18h (dernière admission à 17h30), à vérifier sur le site selon les mois • 9 €.

MONET, LOCATAIRE DE GIVERNY

C'est en regardant par la fenêtre d'un train, en 1883, que Monet découvre le village de Giverny et cette jolie maison rose. Le coup de foudre ! Le peintre décide alors de s'y installer… mais faute de moyens, il ne peut en être que locataire. Le succès arrive, la fortune aussi ! L'artiste vend ses premiers tableaux et achète enfin la maison de ses rêves, pour 22 000 francs, en 1890.

JOUR
2

SPA LA LICORNE

Avez-vous déjà testé la vie en peignoir brodé ? C'est doux, réconfortant, molletonné... Une fois que vous y aurez goûté, impossible de vous en passer. C'est lové au Spa Nuxe La Licorne, une belle longère normande à l'ancienne, que votre moment détente commence. Au programme ? Farniente. Voici donc l'art de ne rien faire, en plusieurs étapes.

1 | **Relaxation.** Rendez-vous à l'espace bien-être de 600 m² : une sublime véranda aux poutres apparentes et aux transats accueillants. Vous profitez d'une piscine intérieure et extérieure baignée de soleil, vous invitant à une pause de vitamine D.

3 | **Cocooning.** Avec quatre cabines de soins, un hammam, un sauna, un bain à remous et une balnéothérapie, vous pouvez varier les plaisirs à l'envi.

2 | **Bonheurs simples.** Octroyez-vous un soin du visage « Éclat immédiat », un gommage « Rêve de miel » ou un massage « Dos prodigieux ».

4 | **7e ciel.** Au sein d'une cabane perchée, évadez-vous grâce à des soins et des massages en duo, en totale connexion avec la nature.

Pour finir, profitez du grand air normand et visitez Lyons-la-Forêt, un lieu de villégiature adulé par bon nombre d'artistes avant vous, comme le compositeur Maurice Ravel, l'écrivain Louis Aragon ou encore André Breton.

Lyons-la-Forêt • 27, place Isaac Benserade • 02 30 96 09 67 • www.hotel-licorne.com • Massages et soins 65-160 € (30 min-1h15).

LE JARDIN DES PLUMES

Des assiettes aux touches impressionnistes

Le chef, David Gallienne, vous régale de ses mets inventifs : volaille fermière en croûte de cire d'abeille, grenouilles et cocos de Paimpol, flétan confit et fumé sur le galet au bois de fenouil. Un travail en collaboration avec Olivier Masmonteil, artiste peintre, afin d'élaborer des assiettes qui évoquent les toiles impressionnistes.

Vous pouvez aussi dormir Ô Plum'Art, chambre d'hôtes poétique et enchanteresse.

Giverny • 1, rue du Milieu • 02 32 54 26 35 • www.jardindesplumes.fr • Restaurant mer. midi-dim. soir 12h15-13h30 et 19h30-21h30.

JOUR 3

DE L'ART ENCORE

Envie de voir une toile originale de Monet ? Direction le musée de Vernon, situé au pied du château des Tourelles. Principalement dédié aux œuvres impressionnistes, ce musée abrite un authentique *Nymphéas* de Monet, peint sur un tableau rond (tondo). Un incontournable ! Vous y trouverez également des toiles d'autres artistes ayant vécu dans le village : Butler, Bonnard, Blanche Hoschedé-Monet, etc.

Une fois la visite terminée, faites un tour du côté du Vieux Moulin, de l'autre côté de la Seine. Avec son arc qui enjambe le fleuve, il constitue l'une des vues les plus pittoresques de Normandie. Un endroit propice à la détente, au repos et à la contemplation.

Musée de Vernon | 12, rue du Pont • 02 32 64 79 05 • www.vernon27.fr • Ouv. nov.-mars, mar.-dim. 10h-12h et 14h-17h, avr.-oct. t.l.j. 10h-18h • 4,50 €.

ESCAPADE HISTORIQUE

Changement de décor ! Pénétrez dans le château de Bizy, un monument historique datant du XIVe s. Très bien conservé, il est réputé pour ses boiseries, ses tapisseries des Gobelins et ses appartements. L'exploration du domaine ne se fait qu'en visite guidée, mais vous pouvez découvrir les jardins de manière libre. Fontaines, sculptures, potager, parc à l'anglaise… les jardins clôturent parfaitement cette agréable flânerie.

Vernon • 02 32 64 79 05 • www.chateaudebizy.com • Avr.-nov. mar.-dim. 10h-18h • 9 €, jardins 5 €.

SPA À LA BIÈRE
à Strasbourg

C'EST DÉCIDÉ, VOUS PARTEZ pour un week-end « zen-ergisant », mélange parfait entre détente et dynamisme. Faites vos valises et rendez-vous du côté de Strasbourg, là où la magie opère. Aux portes de l'Allemagne, son art de vivre est légendaire : flâneries, gastronomie, architecture... elle a tout pour plaire.

Et qui dit gastronomie, dit bière ! Pour en apprécier toutes les vertus, direction le Taaka Beer Spa, le tout premier spa à la bière de France. Dans un bain balnéo en bois, vous passerez un moment de relaxation original, très convivial et sans pression... ou presque ! Bullez pendant 30 minutes (ou 1 heure) dans un savant mélange de malt, de houblon et de levure de bière, en dégustant une petite mousse alsacienne. Santé !

Durant ce séjour, vous découvrirez Strasbourg et ses ruelles fleuries, sa grande dame de grès rose et sa Petite France. Faites une pause aux bains municipaux, au spa, une balade au parc de l'Orangerie et au cœur de l'Art nouveau à Neustadt.

ACCÈS

En train | TGV Paris (gare de l'Est) - Strasbourg (env. 2h) • TGV Lyon - Strasbourg (env. 4h) • TER Nancy - Strasbourg (1h30).

DISTANCES

Nancy - Strasbourg | 160 km.

Lyon - Strasbourg | 488 km.

Paris - Strasbourg | 492 km.

PÉRIODE IDÉALE

Strasbourg | L'été indien et l'hiver, pour profiter des plus belles lumières de la ville, celles du soleil ou de Noël.

OÙ DORMIR ?

COUR DU CORBEAU

Hôtel 4-étoiles

Installé dans une bâtisse alsacienne du XVIe s., ce 4-étoiles a entièrement été réhabilité dans le respect de la tradition avec, en sus, des touches de modernité. Boiseries, vitraux, mansardes, longs balcons et lits king size, les 63 chambres et suites invitent à la rêverie... authentique. Savourez le petit déj. au lit, puis filez à l'alsacienne ! Vous êtes au cœur de Strasbourg et à deux pas de la cathédrale. Vous pouvez aussi profiter d'un moment de détente avec massages et rituels bien-être.

Strasbourg • 6-8, rue des Couples • 03 90 00 26 26 • www.cour-corbeau.com • Nuitée à partir de 165 €.

AUTRE HÉBERGEMENT

Hôtel Beaucour | Strasbourg • 5, rue des Bouchers • 03 88 76 72 00 • www.hotel-beaucour.com • À partir de 76 €/2 pers. (2 nuits min.).

JOUR 1

PETITE FRANCE ET GRANDE ÎLE

Posez vos valises dans le quartier médiéval de Strasbourg, surnommé « la Petite France ». Bâtie à fleur d'eau pour les tanneurs et les meuniers de l'époque, la myriade de façades colorées se reflète dans les canaux. Iconique, elle est classée au Patrimoine de l'Unesco depuis 1988. Flânez dans la promiscuité des venelles pavées pour découvrir, nez en l'air, les jolies maisons à colombages.

Coup de cœur pour la passerelle des Anciennes-Glacières, qui offre une vue sur le pont du Faisan, pour la rue du Bain-aux-Plantes, où se love la maison des Tanneurs, et le pont Saint-Martin. Depuis le barrage Vauban, appréciez le panorama sur la ville, ses anciens ponts couverts et ses trois tours de garde.

Au cœur de la Grande Île, le quartier de la cathédrale est totalement piétonnier. Explorez les ruelles marchandes et régalez-vous de leurs commerces de bouche, notamment les fameuses winstubs, tavernes-bars à vins traditionnelles où sont servies les spécialités alsaciennes.

Ensuite, direction la place Gutenberg et la rue Mercière pour découvrir un chef-d'œuvre d'art gothique : la cathédrale Notre-Dame. En grès rose, elle s'embrase dans les derniers rayons de la journée. En haut de ses 330 marches, sa plateforme domine les toits et donne une vue dégagée sur la Forêt-Noire et les Vosges alentour.

Cathédrale | www.visitstrasbourg.fr • Ouv. avr.-sept. t.l.j. 9h30-13h et 13h30-20h, oct.-mars 10h-13h et 13h30-18h • F. 1er janv., 1er mai et 25 déc. • Plateforme : dernière montée 45 min avant fermeture • 8 €.

LES P'TITES COCOTTES

Une adresse à partager

... ou pas ! Vous pouvez aussi la garder rien que pour vous. Car le personnel des P'tites Cocottes est aux petits soins, dans une ambiance *gemütlich* (conviviale et sympathique) très recherchée dans le secteur touristique de la cathédrale. Viandes savoureuses, plats mijotés dans de jolies cocottes Staub et café gourmand très gourmand. Tartes flambées et planchettes de charcuteries ou de fromages, à partager.

Strasbourg • 20, pl. du Marché Gayot • 03 88 24 58 33 • www.lesptitescocottes.fr • Mer.-ven. 11h30-14h et 18h30-22h, sam. 11h30-22h, dim. 11h30-14h30 et 18h30-21h30.

SPECTACLE ASTRONOMIQUE

Ne loupez pas la vraie pépite de la cathédrale : son horloge astronomique. Son mobilier, bijou de la Renaissance, conserve son mécanisme de 1842. Réglée comme un coucou suisse, elle carillonne chaque jour à 12h30 pétantes. Les automates défilent alors sous vos yeux, illustrant les quatre âges de la vie avec un enfant, un adolescent, un adulte et un vieillard qui passent devant la Mort.

JOUR
2

RELÂCHER LA PRESSION DANS UN SPA À LA BIÈRE

Vous aimez le spa ? Vous aimez la bière ? Parfait. Rendez-vous à Taaka Beer Spa, premier spa à la bière de France ! Paul et Noémie ont eu l'idée de créer cette offre originale après un voyage à Prague où ce type de concept est très répandu.

Ne vous y trompez pas, vous n'allez pas faire trempette dans de la bière, mais bien dans les éléments qui la composent. L'expérience commence par une séance de sauna pour préparer le corps à recevoir les bénéfices du bain. Après 15 min, vous voilà totalement détendu, prêt à venir buller dans une baignoire balnéo en bois où bouillonne, en continu, un savant mélange d'ingrédients naturels. Malt, houblon et levure de bière sont au menu ! Le houblon adoucit et assouplit la peau, le malt regorge d'antioxydants qui en améliorent la texture, la rendant tonique et nette, et la levure de bière foisonne de vitamines, un vrai concentré de beauté pour vos cheveux, ongles et peau. Pour prolonger le plaisir, une dégustation de boissons issues de microbrasseries locales est proposée.

Le soin s'achève par 15 min de relaxation, le temps d'infuser les bénéfices du bain. Une expérience insolite pour un moment cool et convivial, comme sait si bien le faire le monde brassicole.

Strasbourg • 6, rue Marbach • www.taakabeerspa.com • 03 88 96 54 34 • À partir de 50 €/pers. (60-90 min).

LES BAINS MUNICIPAUX

Détente insolite

Dans le quartier impérial se cache une œuvre architecturale historique : les bains municipaux. Rénovés en 2021, ils ont su garder leur prestige d'autrefois, avec un style néoclassique et néobaroque. Yoga, gym douce, ateliers culinaires... offrez-vous un moment « wellness ». Vous pouvez aussi barboter du côté des bains romains et y découvrir le sauna, la grotte à sel, la douche multisensorielle ainsi que le bassin de balnéothérapie. L'expérience se clôture dehors, au jardin de fraîcheur, avec vue inédite sur la flèche de la cathédrale.

Strasbourg • 10, bd de la Victoire • 03 68 71 93 93 • www.bainsmunicipauxdestrasbourg.fr • Espace aquatique ouv. 9h-20h • Entrée 5 €, espace bien-être 20 €, espace soins 45 €.

LA CORDE À LINGE

Un restaurant rhabillé pour l'hiver

L'une des plus belles terrasses de Strasbourg ! Située au bord de l'eau et en plein centre de la Petite France, La Corde à Linge propose une carte aux noms amusants : la robe à fleurs (chèvre chaud pané aux amandes), la culotte à jabot (foie gras de canard maison et jambon fumé), le tablier (émincé de volaille, dés de comté et lardons grillés)... Dégustez également des spaetzle (pâtes traditionnelles alsaciennes), des burgers ou encore des salades, dans un décor rétro et original.

Strasbourg • 2, pl. Benjamin Zix • 03 88 22 15 17 • www.lacordealinge.com • Ouv. 10h30-minuit, ven.-sam. jusqu'à 1h.

JOUR

3

PARC DE L'ORANGERIE

Envie de nature en pleine ville ? Partez pour une balade, au calme, dans le parc de l'Orangerie, en face du palais de l'Europe et proche des autres institutions européennes. Vous explorez cet écrin de verdure en passant par plusieurs décors, découvrant fontaines, statues ou encore petits lacs. D'humeur romantique ? Passez au temple de l'Amour, un kiosque en bois peint, installé depuis 1958. Le parc offre de belles surprises : mini-ferme, circuit de voitures anciennes et barques à louer, de mars à octobre. En période estivale, les marchands de glaces régalent les gourmands petits et grands.

Strasbourg • 7, av. de l'Europe • T.l.j. 7h-20h.

ART NOUVEAU À NEUSTADT

Changement de décor pour votre prochaine escale... Des places grandioses, des avenues monumentales et des édifices de style Art nouveau habillent le quartier impérial de Neustadt (« ville nouvelle », en allemand). Construit à la fin du XIXe s., après l'annexion prussienne, il illustre l'étendue du savoir-faire allemand de l'époque. Amis architectes, ouvrez l'œil ! Suivez l'itinéraire Art nouveau qui recense 12 particularités architecturales ou artistiques. À voir : le palais des fêtes, la maison Égyptienne, l'école des arts décoratifs ou encore la villa Knopf.

Office de tourisme | Strasbourg • 17, pl. de la Cathédrale • 03 88 52 28 28 • www.visitstrasbourg.fr

Le 5e Lieu | Strasbourg • 5, pl. du Château • 03 88 23 84 65 • https://5elieu.strasbourg.eu.

BALNÉO SOUS LES PINS

au cap Ferret

ACCÈS

En train | TGV Paris (gare Montparnasse) - Bordeaux (2h10), puis voiture jusqu'à Claouey • TGV Paris (gare Montparnasse) - Arcachon (2h50).

DISTANCES

Bordeaux - cap Ferret (village de Claouey) | 56 km.
Toulouse - Claouey | 295 km.
Nantes - Claouey | 400 km.
Paris - Claouey | 637 km.

BALNÉOTHÉRAPIE

Prévoir un maillot de bain.

PÉRIODE IDÉALE

Sept.-oct. ou avr.-mai pour profiter pleinement sans la foule estivale.

SAUVAGE ET SOLITAIRE, c'est ainsi que la grande tragédienne Sarah Bernhardt évoquait le cap Ferret en 1914. Un siècle plus tard et malgré son succès, ce petit bout de paradis à 1h30 de route de Bordeaux tient encore ses promesses. Oui, la presqu'île est sauvage : il suffit de s'élancer sur les pistes cyclables à travers la pinède, de poser son regard sur les flots du bassin d'Arcachon ou de fouler le sable des plages de l'océan pour sentir cette omniprésence de la nature quasi intacte.

Placez votre séjour sous le signe de l'eau… Dans un cadre enchanteur, vous goûterez aux bienfaits de la balnéothérapie au Domaine du Ferret. C'est d'abord au contact de l'eau douce que vous allez lâcher prise. Eau chaude, bains bouillonnants, eau de pluie : sentez ses pouvoirs apaisants sur votre corps et votre esprit.

En eau de mer, goûtez désormais aux joies des eaux vivifiantes de l'océan ou de celles, plus reposantes, du bassin. Pour une détente maximale, n'hésitez pas à prendre le large, direction le banc d'Arguin. Et pour parfaire ce week-end iodé, n'oubliez pas de déguster quelques huîtres les pieds dans le sable.

OÙ DORMIR ?

LA CABANE JAPAJO

Maison d'hôtes

Posée sur le bassin d'Arcachon, cette ancienne cabane de pêcheur tout en bois invite à la rêverie. Ici le temps semble arrêté, seul paraît compter le rythme des marées. Depuis chacune des 4 chambres, petits cocons à la déco sobre et soignée avec meubles et objets chinés, le regard se perd dans les flots du bassin.

Delphine, ferretcapienne de la 4e génération et propriétaire des lieux, vous accueille en amis, concocte de délicieux petits déjeuners et vous partage ses meilleures adresses pour profiter de la presqu'île.

Lège-Cap-Ferret • Av. Léon Lesca • 06 08 24 08 56 • reservation@cabane-japajo.com • www.cabane-japajo.com • Nuit + petit déj. 120 € (hors saison), 150 € (2 nuits min. – haute saison).

AUTRE HÉBERGEMENT

Chambres d'hôtes La Cabane du Ferret | Lège-Cap-Ferret • Route d'Ignac • 06 20 32 36 97 • www.lacabaneduferret.com • À partir de 90 €/nuitée (2 pers.).

JOUR 1

À VÉLO ENTRE BASSIN ET OCÉAN

Rien de tel que le vélo pour profiter et découvrir le cap Ferret à votre rythme. Commencez votre escapade côté océan, au Truc Vert (*truc* signifiant « dune » en gascon), pour une balade sur cette immense plage ou même une baignade. Idéal pour recharger les batteries. Dirigez-vous ensuite au village de L'Herbe. Avec ses cabanes de pêcheurs aux façades chatoyantes alignées le long du bassin, c'est l'un des plus charmants villages de la presqu'île... l'un des plus fréquentés aussi.

DES TÉMOINS GÊNANTS

Vestiges du mur de l'Atlantique, érigé par les Allemands en 1942, d'impressionnants blockhaus sont encore en place aujourd'hui, notamment sur la plage de l'Horizon au cap Ferret. Ils sont devenus le terrain de jeu des enfants et des graffeurs, qui ont transformé ses géants de béton en œuvres colorées.

Après avoir avalé quelques huîtres face au bassin, il est temps de reprendre votre vélo direction le village de Cap-Ferret. Là, vous aurez le choix entre une visite du phare, du quartier des pêcheurs, une balade au Mimbeau ou une virée à la pointe, là où convergent les eaux du bassin et de l'océan.

Vélo Loc 33 | Claouey • 6, av. du Général de Gaulle • 06 82 86 82 02 • www.veloloc33.com • Ouv. avr.-sept. • 18 €/j. • Carte des pistes cyclables : https://urlz.fr/juE7.

Office de tourisme de Claouey | 1, av. du Général de Gaulle • https://urlz.fr/juEi • Lun.-sam. 9h-12h30 et 14h-18h30.

MAYZOU

Meilleure table

Entre le phare du cap Ferret et la plage du Mimbeau, Mayzou (« maison » en gascon) fait souffler un vent nouveau sur les tables endormies de la presqu'île. La cheffe, Julie Lacroix Wasover, enfant du bassin et baroudeuse, est revenue de ses voyages avec, dans ses bagages, une cuisine réjouissante et pleine de saveurs tout en faisant la part belle à la pêche et aux producteurs locaux.

Lège-Cap-Ferret • 32, av. Nord du Phare • 06 04 47 68 62 • Ouv. 19h30-22h : mi-mars-juin jeu.-lun., juil.-mi-sept. mer.-lun., mi-sept.-mi-nov. jeu.-dim. • Brunch dim. midi • Résa fortement recommandée, notamment le w.-e.

JOUR
2

BALNÉO SOUS LES PINS

Loin de toute agitation et au cœur d'une pinède apaisante, venez vous jeter dans des eaux à 33 °C toute l'année. Sous une grande verrière, profitez de la piscine chauffée ou, sinon, pour une session plus vivifiante – notamment en hiver –, optez pour la piscine extérieure. Là, dans des bains à remous, toisé par les grands pins et dans un silence presque absolu, le corps se délie doucement. Prenez le temps de nager dans ces eaux chaudes ou de vous faire masser par les jets avant de faire un tour au sauna, logé dans une cabane en bois en extérieur pour ne rien perdre de la vue. Ou peut-être un hammam ? Le temps n'a plus de prise et doucement la fatigue, le stress s'éloignent.

Envie d'aller plus loin ? Le Domaine du Ferret ouvre large l'éventail des soins, comme un enveloppement aux algues essentielles ou une séance de lit hydromassant. Le plus étonnant : le massage sous une pluie chaude, qui combine les vertus du premier à la douce sensation de l'eau de pluie sur la peau. Détente maximale garantie.

Le petit plus : la marque CF-Natural, *made in* Aquitaine et développée par le Domaine du Ferret, qui propose crème de jour, gommage ou huile pour le corps. Un souvenir à glisser dans ses bagages.

Domaine du Ferret Balnéo & Spa | Lège-Cap-Ferret • 40, av. de Caperan • 05 51 17 71 77 • www.domaineduferret.com • Accès piscine 32 €/pers. (demi-journée) • Formule 2 soins à partir de 125 € (accès balnéo inclus).

DOMAINE DU FERRET BALNÉO & SPA

Cabane sous les pins

Pour profiter pleinement de votre journée balnéo, vous pouvez également séjourner sur place. De charmantes cabanes en bois sont disséminées dans un parc sous les pins, chacune dotée d'un espace extérieur.

Aux beaux jours, installez-vous pour déjeuner sur la terrasse du restaurant. Lorsque les températures baissent, c'est auprès de la cheminée qu'on observe la forêt tout en profitant d'une cuisine faisant la part belle aux saveurs du Sud-Ouest.

Ch. double avec terrasse à partir de 124 € (petit déj. inclus) • Restaurant menu 35 € • Brunch dim. midi 49 € adulte, 25 € enfant.

LE BOUT DU MONDE

Des huîtres les pieds dans le sable

Venir au cap Ferret sans manger d'huîtres, c'est comme aller à Naples sans goûter une pizza : impensable ! Saisissez l'occasion de déguster la star du bassin dans un décor de cartes postales tout en découvrant le métier d'ostréiculteur. Hugues et son frère produisent des huîtres depuis plus de 30 ans. Son épouse Christelle vient de passer la main à leur jeune fille Lily pour la dégustation et Tom, l'un des deux fils, gère les marchés et les expéditions. Une belle histoire de transmission qu'ils nous font partager autour d'une douzaine d'huîtres, de quelques bulots et d'un pâté du Sud-Ouest.

Lège-Cap-Ferret • 4, impasse des Réservoirs • 06 26 37 01 33 • Ouv. 11h30-22h, avr.-sept. t.l.j., hors saison ven.-dim. • Douzaine d'huîtres 12-16 €.

CHEZ PASCAL

Une touche sucrée ?

Avant d'embarquer, direction la boulangerie qui a créé une pâtisserie devenue une institution : la dune blanche. Il s'agit d'une chouquette fourrée d'une onctueuse crème vanillée. Tout simplement irrésistible !

46, route du Cap Ferret • 05 56 60 96 90 • T.l.j. 7h-19h30.

JOUR 3

COMME ROBINSON AU BANC D'ARGUIN

Partir en bateau, accoster sur une île déserte, se baigner dans des eaux claires : vous en rêvez ? On vous emmène. Entre le cap Ferret et la dune du Pilat se profile un long banc de sable entouré par les eaux. Le banc d'Arguin, cet îlot désertique, réserve naturelle depuis 1972, est un paradis pour les oiseaux. Et pour les promeneurs. Partez pour une grande balade et posez-vous pour un pique-nique avec vue, au choix, sur l'imposante dune du Pilat ou sur le cap Ferret avec le phare rouge et blanc qui se dessine au loin. Après cette parenthèse hors du temps, il est déjà l'heure de reprendre le bateau pour rejoindre la presqu'île.

Accès : Bat'Express | 06 64 04 04 01 • www.batexpress.pro • Horaires selon marées • 33 €/pers. (A/R).

Vis. guidées : Sepanso • www.sepanso.org (tarifs et horaires) | Céline Guevara, garde animatrice • 06 51 97 27 88 • animation.rnnarguin@gmail.com

SPA À LA POMME

au cœur du Perche

ACCÈS

En train | De Paris (gare Montparnasse), TER jusqu'à Condé-sur-Huisne ou Nogent-le-Rotrou (env. 2h).

DISTANCES

Paris - Sablons-sur-Huisne | 145 km.

Sablons-sur-Huisne - Rémalard | 10 km ; Nogent-le-Rotrou : 10 km ; Préaux-du-Perche : 15 km ; Bellême : 28 km.

SPA POM

- Serviette, peignoir et tongs sont fournis.
- Les créneaux du matin ou de fins d'après-midi sont plus calmes. Affluence le samedi après-midi et pendant les fêtes.
- Deux formules pour combiner détente et resto : « Lunch & Spa » : ½ j. au spa + 1 menu du Moulin au Domaine de Villeray, à partir de 59 € ; « Apple day », ½ j. au spa + déj. + un soin de 50 min, à partir de 125 €.

BUDGET

- Pour un w.-e. dédié au bien-être : faites le calcul, cela peut valoir le coup de dormir au Domaine de Villeray, avec accès au spa à moindre coût et à volonté.
- Avec un budget plus serré et/ou pour mixer détente et visites, la chambre d'hôtes, centrale, offre une bonne alternative.

PÉRIODE IDÉALE

- À l'automne : moins de monde au spa et belles couleurs (et champignons !) en forêt.
- En hiver : en mode *hygge*.

VOUS LA COULER DOUCE, telle l'Huisne, cette jolie rivière qui traverse le Perche… vous en rêvez ? Offrez-vous une échappée verte, à moins de 2h de Paris, et posez vos valises dans un château de charme ou dans un ancien corps de ferme typique.

À Sablons-sur-Huisne, ravissant village du Perche ornais, le Spa Pom, comme son nom l'indique, mise sur les bienfaits d'un produit emblématique du terroir : la pomme. Accordez-vous une pause bien-être dans une ambiance bois et pierre des plus enveloppantes. Au programme : bassin de nage hydro-massant, hammam, sauna, dégustation de tisane et massage aux pochons chauds de marc de pommes… récoltées à quelques kilomètres seulement. Profonde détente et relaxation garanties !

Profitez aussi de ce séjour pour sillonner les routes tranquilles et les voies vertes du Perche. Faites le détour par Bellême, incontournable Petite Cité de Caractère et repaire de chineurs. Un dernier câlin aux hêtres et chênes séculaires de sa forêt domaniale… et vous serez totalement revigoré !

OÙ DORMIR ?

DOMAINE DE VILLERAY

Hôtel-restaurant et spa

Le Domaine propose 38 chambres et suites, élégantes, dans le moulin ou le château. Selon, vous avez vue sur cour, jardin ou rivière. Les groupes d'amis peuvent opter pour un cottage, pour 4 à 6 pers. Dans le moulin, le restaurant sert une cuisine gastronomique traditionnelle française.

Villeray • Sablons-sur-Huisne • 02 33 73 30 22 • www.domainedevilleray.com • Chambre à partir de 149 €/nuit, cottage (4 à 6 pers.) à partir de 309 € ; petit déj. 17 €/pers. • Restaurant : menu à partir de 39 € le midi, 49 € le soir • Formule demi-pension : 66 €/pers.

LE JARDIN FRANÇOIS

Séjour à la ferme

Quatre chambres d'hôtes, avec kitchenette, dans une ferme percheronne. Œufs frais, pain de campagne et croissants ou brioche au petit déj., et panier gourmand à l'arrivée. Pas d'accès Internet… pour mieux déconnecter !

Préaux-du-Perche • Les Clos • 02 37 49 64 19 • www.ferme-et-jardin-francois.com • Chambre à partir de 50 € en sem., 60 € le w.-e., dégressif dès la 2e nuit (2 nuits min. le w.-e.), petit déj. inclus.

JOUR

1

IMMERSION PERCHERONNE DANS LE VILLAGE DE VILLERAY

Une vraie carte postale percheronne. Typique et classé, le village de Villeray offre un beau concentré de bâti traditionnel rénové. Des maisons basses au charme fou même, toutes en crépi ocre et tuiles rousses, qui s'alignent le long de la rue principale, toujours fleurie. Admirez aussi le moulin du XIXe s., qui a gardé sa roue à aubes. Le château, datant du XVIe s., est un peu plus caché. Certes, ça grimpe un peu... mais la vue est jolie sur toute la vallée de l'Huisne : c'est le cours d'eau paisible qui s'écoule au pied du village et participe à son atmosphère bucolique. Vous ne vous en lasserez pas !

À 2 km en voiture du centre de Sablons-sur-Huisne, en direction de Rémalard-en-Perche.

EN GARE

Arrêt gourmand

Deux salles, deux ambiances dans cette ancienne gare réhabilitée en restaurant. Au rez-de-chaussée : un bistrot avec des plats simples et conviviaux (salades, bun's, tartare...). La carte change régulièrement. À l'étage et seulement le soir : une cave à manger (planche de charcuteries ou de fromages à partager, camembert rôti, burger...). Les produits locaux sont privilégiés.

Rémalard-en-Perche • 4, rue de Boisard • 02 33 83 98 97 • Facebook : En Gare Rémalard • Bistrot : menu 18 € • Cave à manger : planches à partir de 16 €, burger 15 €.

À BICYCLETTE, SUR LES ROUTES DU PERCHE

Envie de pédaler à travers le Perche ? Tronçon de la Véloscénie, une voie verte aménagée sur d'anciennes voies ferrées démarre à Condé-sur-Huisne et relie Rémalard, à 7 km. Bonne nouvelle, vous n'aurez à affronter aucune côte... ou presque ! Retour par le même chemin ou par la champêtre D622 (env. 15 km en tout).

Location vélo : au Domaine de Villeray, pour les clients (15 €/j.) ou à l'office de tourisme du Perche à Nogent-le-Rotrou (VAE seulement, 30 €/j.).

JOUR

2

BULLE DE DÉTENTE AU SPA POM

Du bois, des pierres, une grande verrière pour laisser entrer la lumière. Poussez les portes du Spa Pom, sur le domaine de Villeray, et... laissez-vous chouchouter toute une demi-journée ! Cet espace bien-être s'étend sur 600 m², dans les anciennes écuries du château. D'abord, profitez de la piscine de 14 m et de ses jets hydromassants. Puis, à la tisanerie, dégustez une infusion de saison... avant d'alterner hammam et sauna. 15 min max., sans oublier douche et seau d'eau froide après chaque passage. Ça saisit, mais c'est bon pour réactiver la circulation sanguine.

Vos muscles ainsi détendus, vous êtes prêt à apprécier pleinement un soin. Notre conseil ? Optez pour le « Golden Delicious », un massage du corps complet avec des pochons chauds de marc de pommes. Ces dernières sont récoltées au Theil-sur-Huisne, à 20 min du domaine, et les pochons sont fabriqués maison. Pendant le soin, ils sont d'abord pressés et ensuite lissés sur vos jambes, vos bras... pour vous procurer une vraie sensation de douceur et de relaxation. Faites perdurer les effets du soin en cocoonant sur une chaise longue du jardin intérieur, près des fontaines d'eau et de la cheminée. Oui, vous avez le droit de vous endormir !

Domaine de Villeray | Sablons-sur-Huisne • 02 33 83 11 01 • www.spapom.com • T.l.j. 10h-13h et 14h-19h (20h sam.-dim.) • Accès spa : 28 €/2 j. pour les clients de l'hôtel, 28 €/demi-journée en sem., 38 € les w.-e. et j. fériés pour les extérieurs ; offert avec tout soin de 50 min minimum • Soin « Golden Delicious » : 95 €/50 min, 135 €/1h20 (à réserver 48h à l'avance).

LE COMPTOIR SULLY

Bistrot et bons vins

Ici, on mise sur la qualité et les produits locaux et/ou bio. Le midi, sur la carte ou en plat du jour : travers de porc confit et coriandre, pavé de lieu et fenouil au curcuma, gaspacho de haricots cocos... par exemple, à déguster en salle ou dans le patio tout mignon. Le soir, on vous propose une carte de tapas et de planches à partager... autour d'un bon vin. Réservation recommandée.

Nogent-le-Rotrou • Rue de Sully • 02 37 49 46 69 • Facebook : Comptoir Sully • Mar.-sam. midi et soir.

JOUR
3

BALADE « ART DE VIVRE » À BELLÊME

Sur sa colline, Bellême dégage un charme insoupçonné qui mérite le détour. Ancienne capitale du Perche, cette Petite Cité de Caractère a conservé un riche patrimoine architectural. Passez sous l'emblématique porte Saint-Sauveur, ancien porche médiéval, et baladez-vous dans des ruelles bordées de façades colorées. Avec ses beaux hôtels particuliers et leurs balcons en fer forgé, Bellême est aussi le paradis des chineurs et des amateurs de déco : plus d'une dizaine d'antiquaires, brocanteurs et boutiques vintage sont installés ici. Il y en a pour toutes les époques : XVIIe s., Napoléon III, Art déco, XXe s. ... Faites-vous plaisir !

SYLVOTERREHAPPY

Bain de forêt

Partez pour une balade de 2h, en forêt de Bellême, dans les pas de Nicolas Laurain, sylvothérapeute. Tous sens en éveil, on s'imprègne de la nature, on regarde les nuances de vert, on hume le parfum de la forêt... et on enlace les arbres pour ressentir leur énergie et leur force. Apaisant et antistress.

Bellême • 39, av. Roger Martin du Gard (ou info lieu de r.-v.) • 06 83 59 96 33 • www.sylvoterrehappy.com • Tte l'année, sur r.-v. • 30 €/pers.

LA VERTICALE

Cave à manger

À l'ardoise, des plats de saison, à base de produits issus des fermes voisines. Herbes, épices, graines... parfument œufs marinés, carpaccio de betteraves-radis, tartare au couteau. En dessert, la tartelette se décline version printemps, été, automne ou hiver. En plus d'être bon, c'est beau dans l'assiette. Les vins naturels peuvent aussi accompagner des tapas maison.

Bellême • 9, pl. de la République • 02 33 25 76 16 • www.la-verticale.fr • Jeu.-sam. midi et soir ; dim. midi • Plat 14-20 €, dessert 6-8 €, tapas à partir de 4 €.

UNE FORÊT ENCHANTERESSE

Bellême, c'est aussi une forêt de hêtres et de chênes centenaires, considérée comme l'une des plus belles du Perche. Imprégnez-vous de ce cadre enchanteur en suivant l'un des sentiers balisés (parcours disponibles à l'OT de Bellême). Jusqu'à l'étang de la Herse et sa fontaine miraculeuse, par exemple. Psst... vous êtes amateur de champignons ? La forêt a ses bons coins !

BALNÉO ART DÉCO

dans les Landes

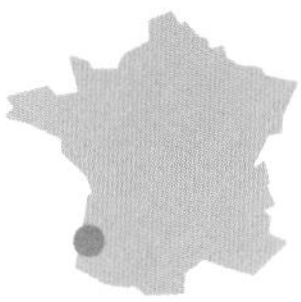

ACCÈS

En train | TGV Paris (gare Montparnasse) - Dax (env. 3h20)
- Liaisons TER avec Bordeaux (env. 1h20) et Bayonne (32 min).

En bus | Ligne 7 de la RRTL depuis Bayonne (2h).

DISTANCES

Bayonne - Dax | 53 km.
Bordeaux - Dax | 148 km.
Paris - Dax | 732 km.
Dax - Léon | 30 km.

PARCOURS AQUA-SENSORIEL

- Prévoir un maillot de bain.
- Soins à la carte et consultation holistique sur réservation.

PÉRIODE IDÉALE

- Au début du printemps, pour une pause bien-être à la sortie de l'hiver.
- À la fin de l'automne, pour une grande bouffée d'air frais avant l'hiver.
- Au cœur de l'hiver, pour une escapade chaleureuse, un brin citadine.

PLONGEZ DANS UN UNIVERS de détente mêlant sources thermales et décor Art déco... Au Spa Cinq Mondes du Splendid, à Dax, le superbe parcours aqua-sensoriel est idéal pour revigorer le corps et l'esprit. Du grand bassin au flotarium, vous laisserez les eaux, tantôt fraîches, tantôt chaudes, vous revitaliser, le tout dans une authentique architecture des années 1930 ayant retrouvé tout son faste. En bonus vous est proposé un riche programme complémentaire de soins, de séances de yoga ou de consultations bien-être...

Relaxé ? Profitez-en pour tomber sous le charme de Dax, une sympathique petite cité thermale où la nature reprend ses droits dès la lisière de la ville. Si le cœur vous en dit, empruntez un vélo pour pédaler tranquillement sur la voie verte à la découverte de la Chalosse et perdez-vous dans cette belle ruralité gasconne.

À deux pas vous attendent également les embruns de l'océan, à savourer le temps d'une escapade dans la singulière réserve naturelle du courant d'Huchet. Respirez !

OÙ DORMIR ?

HÔTEL LE SPLENDID

Au plus près du spa

Dès les portes passées, toute la splendeur d'une atmosphère Art déco vous emportera dans un ballet architectural. De l'immense hall à l'escalier monumental, l'hôtel ravive l'esprit des Années folles. Les chambres prolongent cette immersion autour d'éléments d'époque (lustres, miroirs...) et d'un mobilier d'inspiration années 1930. Demandez une chambre donnant sur l'Adour.

Dax • 2, cours de Verdun • 05 58 35 20 10 • www.splendid-hotel-spa.com • Nuitée à partir de 75 € (1 pers.) et 99 € (2 pers.), avec petit déj.

AUTRE HÉBERGEMENT

À la Vill'Adour | Dax • 6, bd de Poyusan • 06 32 33 59 98 • www.chambresdhotes-dax.fr • Chambre d'hôtes à partir de 68 €/nuit (2 pers. avec petit déj.).

JOUR 1

FLÂNERIE CITADINE À DAX

Il règne ici un air d'éternelle détente... Première destination thermale de France (!), Dax aligne en effet un mix architectural mêlant Art déco et créations plus contemporaines, tout en préservant farouchement son identité landaise. Bref, vous sentirez immédiatement les bienfaits de ses sources naturelles, notamment à la fontaine chaude, dont les eaux jaillissent à 64 °C ! Ne vous étonnez donc pas de croiser quelques palmiers dans son centre ancien, totalement piéton. Les eaux fraîches, elles, seront du côté de l'Adour, qui suit tranquillement son cours le long de quais agréablement aménagés.

Rens. : www.dax-tourisme.com

LA MAISON DE LA BARTHE

Berges submersibles

Pour prolonger la promenade, allez respirer le bon air du bois de Boulogne (oui, oui !), facilement accessible depuis le centre : cette zone classée « Natura 2000 » propose plusieurs sentiers de découverte, de 45 min (2,6 km) à 3h (10 km). Avec un peu de chance, vous apercevrez une cistude d'Europe (petite tortue), une loutre, une cigogne ou une oie cendrée. Jetez également un coup d'œil à l'exposition permanente et au programme d'activités de la maison de la Barthe.

Dax • Allée du Bois de Boulogne • 05 58 89 77 08 • www.dax.fr • Accès libre tte l'année mar.-sam. 9h-12h et 14h-18h.

LE MARCHÉ FRIAND

Produits du terroir

En plein centre, ces mini-halles alignent caviste, bar à viandes, poissonnerie, pâtisserie ou encore une honorable maison de truffes. Grimpez sur l'une des tables hautes pour déguster, par exemple, l'assiette bistronomique de La Fabrique, dernière adresse de la liste. Une belle introduction à la gastronomie landaise !

Dax • 2, rue Borda • 06 76 36 43 11 • www.marchefriand.fr • Mer.-jeu. 9h-15h, ven. 9h-16h et 17h30-23h, sam. 9h-23h, dim. 9h30-15h, f. lun.-mar.

JOUR

2

PARCOURS AQUA-SENSORIEL DANS DÉCOR ART DÉCO

D'abord, admirez le cadre : un vaste espace de 1 800 m² aux volumes immenses, dont l'architecture d'inspiration Art déco mêle colonnes carrées, mosaïques graphiques et lignes structurées... Dans ce cadre glamour à souhait, laissez-vous guider dans un parcours sensoriel parfaitement pensé. Commencez par un plongeon dans le grand bassin d'eau thermale : jets massants, cols-de-cygne, lits à bulles et jacuzzi auront raison de vos tensions. Mais votre séance est loin d'être terminée ! Le parcours « Art des eaux » va peaufiner les bienfaits par une alternance subtile de froid et de chaud : hammam, caldarium, sauna, fontaine à glace et parcours Kneipp, particulièrement revitalisant.

En point d'orgue, vous serez étonné de l'effet du flotarium, un bassin d'eau chaude concentré en sel d'Epsom offrant une expérience en apesanteur : le corps flotte, se libère des pressions et se détend complètement. Terminez par une douche « expérientielle » : entre musique douce, luminothérapie et fragrances subtiles, tous vos sens seront en éveil !

Hôtel Le Splendid (voir Jour 1) • 05 58 35 20 14 • www.splendid-hotel-spa.com • 10h-13h30 et 14h30-19h30 • Comptez au moins 2h • Accès demi-journée 25 € visiteurs, 15 € clients de l'hôtel, gratuit pour tout soin réservé • Maillot de bain obligatoire (non fourni) ; peignoir, sandales de bain et serviette fournis.

LA VOIE VERTE DE LA CHALOSSE

Envie d'une promenade bucolique à vélo ? Aux portes de Dax, la voie verte de la Chalosse vous mènera en douceur au cœur de cette région rurale. De Dax, rejoignez Montfort-en-Chalosse (à 20 km) et visitez son sympathique musée-paysage, entouré de ravissantes collines boisées.

Tracé à télécharger : www.landes-chalosse.com > Se divertir > Fan de nature.

Location de vélos : Loc'Évasion | Dax • 1, bd Hippolyte Sintas • 06 95 25 27 80 • www.loc-evasion40.com

SOINS À LA CARTE ET SÉANCES HOLISTIQUES

Pause bien-être ultra-ciblée

Pour prolonger la séance, optez pour l'un des soins à la carte : craquez pour un massage « Udarabhyanga », inspiré de la médecine indienne ayurvédique, un massage Oligomer®, à la fois ressourçant et reminéralisant, ou encore un soin « Champagne des Mers », associant massage du dos et du cuir chevelu. Sont également proposés des cours de yoga et des consultations bien-être : prenez donc rendez-vous pour une séance de sophrologie, de réflexologie plantaire ou de watsu (relaxation aquatique) !

Sur résa • Cours de yoga mar. à 18h15, Pilates lun. à 18h15 • Massages 75 €/45 min ou 95 €/60 min ; cours yoga ou Pilates 15 €/1h ; consultations holistiques 55-75 €/45-60 min.

RESTAURANT LE SPLENDID

Sur place

Après la séance bien-être, pas besoin d'aller très loin : la terrasse du Splendid, avec vue sur l'Adour, est idéale en fin de journée. On y goûte une cuisine raffinée, confectionnée presque exclusivement avec des produits locaux et agrémentée de pains artisanaux (et bio).

Hôtel Le Splendid (voir Jour 1) • T.l.j. petit déj., déjeuner et dîner • Formules 25 €, menu soir 39-55 €.

JOUR 3

BALADE IODÉE À LA RÉSERVE NATURELLE DU COURANT D'HUCHET

Si l'appel de l'océan se fait sentir, allez donc humer les embruns, tout en découvrant le fascinant écosystème de la réserve naturelle du courant d'Huchet. Reliant le lac de Léon à l'Atlantique, ce cordon d'eau offre plusieurs visages : marais, dunes, tourbière, aulnaie... Ces paysages uniques abritent, en outre, une faune très riche.

Si plusieurs alternatives s'offrent à vous, nous vous conseillons de rejoindre le chalet de Pichelèbe et d'entreprendre une balade jusqu'à Huchet (1 km, 20 min) ou, encore mieux, jusqu'à l'embouchure (4 km, environ 1h20) – vous pouvez aussi commencer votre promenade depuis ce point. Un programme de sorties ornithologiques ou botaniques est également proposé.

Rens. : www.reservenaturelle-couranthuchet.org • Sortie ornithologie : mai, 2h, 1 km, 6 € • Sortie botanique : mai-juin, 3h, 2 km, 6 €.

La Maison de la Réserve : Léon • 374, rue des Berges du Lac | Chalet de Pichelèbe : Moliets-et-Maa • 328, route de Pichelèbe • 05 58 48 73 91.

UNE DESCENTE AVEC LES BATELIERS

Envie de vous laisser guider ? Embarquez à bord d'une *galupe,* la barque traditionnelle des bateliers du courant d'Huchet : c'est la seule embarcation habilitée à pénétrer dans la réserve naturelle. Dans le calme d'une navigation à la pagaie, savourez cette immersion dans la nature et tentez d'apercevoir l'un de ses sauvages habitants (vison, loutre, héron, etc.).

Les Bateliers du Courant d'Huchet | Léon • 370, rue des Berges du Lac • 05 58 48 75 39 et 06 27 82 19 36 • www.bateliers-courant-huchet.fr • T.l.j. avr.-oct., départ à 10h et 14h30 • Balade 2h : 17 €/pers.

AUBERGE CÔTÉ QUILLIER

Pause bistronomique

Sur la route de Léon, faites halte au village de Magescq : il est le fief de la famille Coussau, qui régale ses hôtes depuis plusieurs générations au Relais de la Poste ou dans son auberge Côté Quillier. Optez donc pour la formule bistrot dans ce charmant pavillon avec jardin (où l'on peut vraiment jouer aux quilles !) : la carte déploie un panel de spécialités régionales magnifiées par le chef.

Magescq • 24, av. de Maremne • 05 58 47 70 25 • www.relaisposte.com • Sept.-juin mer.-dim., juil.-août ven.-mar. • Menu 39 €, plats 20 €.

SPA
à Vichy

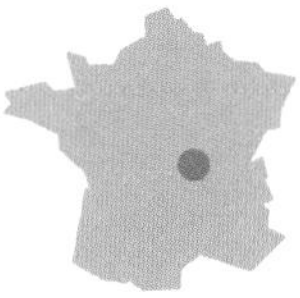

ACCÈS

En train | Ligne IC Paris (gare de Bercy) - Vichy (3h) • TER Lyon - Vichy (1h30) • TER Clermont-Ferrand - Vichy (30 min).

En bus | Réseau MobiVie : départs depuis Cusset, Creuzier-le-Vieux, Abrest, Bellerive-sur-Allier et Hauterive.

Lignes FlixBus : liaisons avec Clermont-Ferrand, Saint-Étienne et Lyon.

DISTANCES

Clermont-Ferrand - Vichy | 73 km.

Lyon - Vichy | 163 km.

Dijon - Vichy | 225 km.

Limoges - Vichy | 250 km.

Paris - Vichy | 360 km.

PÉRIODE IDÉALE

Vichy | La saison estivale, de mai à sept., pour profiter des animations de la ville. De juil. à oct., les monuments emblématiques de la ville et de la montagne bourbonnaise s'illuminent pour raconter leur histoire (sons et lumières).

Hôtel les Célestins et Thermal Spa de Vy Resort Thermal | Toute l'année, hors période de fermeture annuelle.

APRÈS UNE SEMAINE CHARGÉE à courir partout, avec des rendez-vous qui s'enchaînent, des nuits trop courtes et des réveils trop tôt, ralentissez... C'est le moment de penser à vous, de vous dorloter. Et pour cela, rien de mieux qu'une escapade à Vichy, ville thermale de référence, curative par excellence, le tout dans un décor très Art déco.

Les Romains les premiers ont découvert les bienfaits et les vertus des sources chaudes d'Auvergne. Depuis se sont succédé à Vichy pléthore de curistes célèbres, comme la marquise de Sévigné ou Napoléon III. Aujourd'hui, c'est à votre tour ! Faites une pause au Thermal Spa de Vy Resort Thermal, un haut lieu de ressourcement, de bien-être et de savoir-faire. Au programme : bain hydromassant, enveloppement de boues végéto-minérales et douche de Vichy massage à 4 mains, un soin unique au monde, perpétué depuis 1896.

Profitez de votre week-end pour découvrir les jolies rues du vieux Vichy, serties de maisons colorées. Explorez votre inconscient au cours d'une séance de yoga nidra, déambulez du côté des berges de l'Allier et clôturez cette douce et tranquille aventure par une soirée à l'Opéra.

OÙ DORMIR ?

LODGES BELVÉDÈRE

Chambres avec vue

Sur les hauteurs de Vichy, une terrasse en bois déborde sur une canopée verdoyante. Vue à 180° sur les monts du Forez, le puy de Dôme et les méandres de l'Allier. À l'intérieur d'un lodge de 38 m², l'ambiance est cosy, intimiste, invitant au repos : salon baigné de lumière grâce aux nombreuses baies vitrées, lit king size, détails déco « comme à la maison ». Une pause lecture, un café crème et croissant ou encore un bain chaud... autant de moments bien-être que de fenêtres où perdre votre regard.

Vichy • Rue Louis Neillot, site les Hurlevent • 06 12 13 20 46 ou 06 74 28 62 16 • https://clavelvi.wixsite.com/lodgebelvedere-vichy • 120 €/nuit (2 nuits min.).

AUTRE HÉBERGEMENT

Les Nations (hôtel) | Vichy • 13, bd de Russie • 04 70 98 21 63 • www.hotel-lesnations.com • À partir de 68 €/nuit (2 pers.).

JOUR 1

VICHY PHOTOGÉNIQUE

Commencez votre balade par la magnifique rue Alquié, composée de petites maisons pastel de style britannique qui abritaient, autrefois, la garde impériale de Napoléon III. Rendez-vous ensuite au quartier thermal organisé autour du parc des Sources et ceinturé, depuis 1900, par une galerie couverte en fer forgé : les dames de l'époque pouvaient ainsi déambuler des thermes au casino sans se salir ni être dérangées par le soleil. À voir :

le hall des Sources, au style Art déco, tout en métal, carrelage et verrières.

Ne manquez pas la Pastille, effigie de la mascotte mentholée vichyssoise qui vient de prendre racine du côté de la Marina. Continuez votre balade au passage Giboin, ancienne rue couverte. Ce petit joyau du centre-ville s'orne de verrières grandioses, de boutiques antiques et de ruelles pavées.

Pour finir, explorez le quartier de France aux airs… londoniens ! Un petit Notting Hill qui a tout pour plaire, avec ses villas roses, orange ou bleu clair, tirées au cordeau. Prêtez attention aux noms des rues : une dizaine de régions de France pourrait bien s'y cacher…

COCOON COFFEE VICHY

Café artistique

Situé dans le quartier du Cavilam, ce coffee shop-salon de thé propose smoothies, chocolats chauds-chantilly, citronnades, cookies ou encore cakes maison. Un lieu convivial au décor boisé pour tester d'excellents cafés et voyager : Costa Rica, Panama ou Honduras, c'est vous qui décidez. Une petite restauration est proposée le midi.

Depuis la terrasse, vous pouvez contempler la source Lardy, un pavillon incrusté de 13 piliers en bois, avec le mur extérieur habillé de carreaux de faïence bleus, verts et or.

Vichy • 111, rue du Maréchal Lyautey • 06 86 63 50 64 • Facebook : Cocoon Coffee Vichy • Lun.-ven. 8h30-18h.

VOYAGE, VOYAGE

Reine des villes d'eaux, Vichy a attiré une élite française et internationale. De 1890 à 1914, c'est la mode des villas de villégiature pour les « buveurs » (alias les curistes). Les édifices sont alors construits selon leurs envies. Villa mauresque, vénitienne ou tunisienne, flamande ou anglaise, néomédiévale, néogothique, inspiration Renaissance… un bien joli voyage !

JOUR 2

VY RESORT THERMAL

Enveloppez votre corps dans une cascade de douceur… Immergée dans un écrin de verdure labellisé « Arbre remarquable de France » et au bord de l'Allier, la tradition des soins « Signature » à l'eau thermale de Vichy perdure. Bienvenue dans l'une des plus belles destinations spa d'Europe ! Un jus de fruits frais pressés et une eau minérale plus tard, vous voilà en jambes pour prendre en main votre bien-être.

C'est en peignoir que vous découvrez le spa. Bain géant rempli d'eau thermale à 34 °C, hammam, plusieurs saunas, fontaine à glace, bain d'eau froide pour les jambes, espace de relaxation, tisanerie bio et salle de sport. La détente par l'eau, c'est tout un savoir-faire chez Vichy. Puis vient le moment tant attendu : les soins.

D'abord, le bain hydromassant d'une quinzaine de minutes pour relaxer vos muscles et préparer votre peau. Ensuite l'enveloppement de boues végéto-minérales pour apaiser les douleurs ostéo-articulaires. Vous pourrez compléter par un gommage aux sels minéraux suivi d'une douche de Vichy massage à 2 ou à 4 mains, L'Originale depuis 1896 : ce soin consiste à se faire masser tout le corps sous une rampe d'eau thermale chaude. Un moment hors du temps, à prolonger à l'envi.

Vichy • 111, bd des États-Unis • 0800 30 00 63 (service et appel gratuits) • www.vy-resort.com • Trilogie de soins « Signature » comprenant bain hydromassant d'eau thermale, enveloppement de boues végéto-minérales et douche de Vichy massage à 2 mains (165 €) ou à 4 mains (219 €).

VICHY VENICE

De l'art en boîte

Ce concept store stylé à l'ambiance californienne est situé dans l'un des plus beaux passages de la ville. Il rassemble les coups de cœur de deux amis : Romain (l'artiste So.Z) et Guillaume. Jouets, pièces de design et de décoration, couteaux, œuvres d'art, montres, vêtements, mais aussi plantes (Guillaume a été botaniste en Corse) ou maroquinerie végane. Beaucoup d'articles *made in* France, locaux et artisanaux.

Vichy • 17, passage Giboin • 04 70 98 08 65 • www.vichyvenice.fr • Mar.-sam. 10h-12h et 14h-19h, dim.-lun. 14h-19h.

L'ATMOSPHÈRE VICHY

Pause guinguette

Le chef Édouard vous convie à sa table pour savourer des plats élaborés à partir de produits frais et intégralement faits maison. Œufs parfaits, daurade royale, linguine de langoustines, onglet de bœuf, cheese-cake au citron vert, brookie et sa glace caramel... La générosité se retrouve aussi bien dans l'assiette que dans le service. Détente assurée sur les rives de l'Allier, dans un esprit guinguette, vous propulsant tout droit en vacances.

Bellerive-sur-Allier • Rue Claude Decloitre • 04 70 32 65 14 • www.atmosphere-vichy.fr • Ouv. 7j./7 12h-14h et 19h30-22h.

JOUR

3

YOGA NIDRA

Continuez sur votre lancée sieste-repos-dodo, et laissez-vous tomber dans les bras de Morphée. Comment ? Grâce à Isa Zingraff, professeure de yoga nidra. Ici, pas d'efforts physiques, seulement l'exploration de votre inconscient. Allongé sur le dos pour toute la durée du cours et entouré de coussins et de couvertures, tout est fait pour trouver une position confortable. S'ensuivent des exercices de respiration et des projections mentales. Le yoga nidra permet d'amorcer des changements dans sa vie, d'améliorer son sommeil et d'augmenter son sentiment de paix et de sérénité.

Vichy • 5, rue du Président Roosevelt • 06 80 13 91 34 • www.vichy-yoga-sophrologie.com • 55 €/séance (1h, en individuel).

SOIRÉE À L'OPÉRA

Pour agrémenter vos rêves de quelques paillettes, direction l'Opéra, chef-d'œuvre d'architecture. Commandé par Napoléon III et inauguré en 1903, il peut accueillir 1 450 spectateurs. C'est alors le plus grand, après l'Opéra Garnier de Paris. Tout d'or, d'ivoire et de fleurs vêtu, il contraste avec ses homologues qui, eux, s'ornent d'or et de rouge. Il ne faut pas oublier qu'il a été créé comme un théâtre d'été, la saison d'hiver n'ayant été mise en place qu'en 1995. Aujourd'hui, il fait vibrer la ville toute l'année, avec une programmation estivale axée sur la musique classique et lyrique et, en hiver, sur le théâtre, la danse et les spectacles d'humour.

Vichy • 1, rue du Casino • 04 70 30 50 30 • www.opera-vichy.com

BAIN JAPONAIS

en baie de Somme

ACCÈS

En train | TGV Paris (gare du Nord) - Rue (dir. Calais Ville, env. 2h30) • Puis bus 709 Rue (gare SNCF) - Le Crotoy - Abbeville, arrêt Saint-Quentin-en-Tourmont.

DISTANCES

Rouen - Saint-Valery-sur-Somme | 115 km.

Lille - Saint-Valery | 146 km.

Paris - Saint-Valery | 206 km.

Saint-Valery-sur-Somme - Saint-Quentin-en-Tourmont | 25 km.

À EMPORTER

Votre maillot de bain !

PÉRIODE IDÉALE

Baie de Somme | Au printemps pour les jolies lumières, en été pour le soleil et les hortensias en fleur, en sept. pour l'intimité et la paix qu'offre la région dans l'arrière-saison.

Le Bruit de l'Eau | À la fin du printemps ou en été, pour profiter au maximum des environs aquatiques naturels.

SE RECONNECTER À L'ESSENTIEL, prendre le temps, écouter le bruit de l'eau… L'envie du moment ? Un week-end rasséréname. Alors en route pour la baie de Somme, à seulement 3h de route de Paris. Une fois sur place, la scène a des airs de bout du monde. Ronde d'oiseaux migrateurs, colonies de phoques jouant sur le sable, chevaux sauvages… une vraie part de nature encore secrète.

C'est au cœur de ce littoral picard que Tibo, photographe voyageur, a posé ses valises pour créer les merveilleuses chambres d'hôtes insolites nommées « Le Bruit de l'Eau ». Un lieu empreint de sérénité japonaise pour se ressourcer en pleine nature. Sur place : écolodges, spa, bains d'eau chaude, massages et même restaurant. Une expérience unique et dépaysante, à vivre en toute oisiveté.

Au cours de ce week-end, vous pourrez découvrir la petite ville colorée de Saint-Valery-sur-Somme et ses balades en pirogue polynésienne, observer les phoques gris et les veaux marins ou faire un voyage à bord d'un wagon en bois, tout droit sorti de la Belle Époque.

OÙ DORMIR ?

LE BRUIT DE L'EAU

Chambres d'hôtes

Installés sur des terres sauvages et décorés chacun selon un thème spécifique, les 5 lodges invitent au voyage. La suite *Naoshima* et le lodge *Haïku* évoquent le Japon, le lodge *Rivage* invite en Scandinavie, celui d'*Étoile*, avec sa vue sur le ciel étoilé, entraîne vers les steppes mongoles et le dernier lodge, *Voyage*, rappelle l'esprit du Grand Ouest américain.

Cuisine végétarienne inspirée par les moines zen, éco-spa, bains de forêt japonais, cérémonie du thé et canoë canadien en bois... Petit déj. inclus.

Saint-Quentin-en-Tourmont • 1, chemin des Matelots • 07 69 66 65 94 • https://lebruitdeleau.org • Nuitée à partir de 195 € (2 pers.).

AUTRE HÉBERGEMENT

Spa Be Baie (voir Jour 3).

JOUR 1

SAINT-VALERY-SUR-SOMME

Point d'entrée d'un séjour dans la baie, il fait bon se promener à Saint-Valery-sur-Somme. Dans cette charmante cité médiévale, commencez par le port de plaisance. Le quartier des pêcheurs, le Courtaing, abrite une myriade de maisons étroites et colorées. Rues pavées, façades fleuries... À la fin de la jetée, vous verrez les mignonnes cabines de plage qui ornent la baie. La carte postale ! Pour une vue panoramique, il faudra monter au calvaire des Marins, puis admirer la chapelle Saint-Valery et le cap Hornu.

Sentier à emprunter au croisement rue des Pilotes-rue des Moulins (facile).

Place maintenant à la partie médiévale de cette jolie ville-port. Flânez jusqu'à la porte Jeanne-d'Arc, puis à l'herbarium et son fruticetum, un authentique jardin de plantes médicinales. Vous passez ensuite devant les remparts, les tours Guillaume, et faites la traversée de ruelles pittoresques comme la rue des Pilotes et celle des Bateliers, qui ont fait la renommée de Saint-Valery.

Respirez l'air marin... mais pas que ! Roses trémières, lys ou encore menthe sauvage embaument les environs.

Vis. guidée tte l'année : Office de tourisme de la baie de Somme • 03 22 24 27 92 • www.tourisme-baiedesomme.fr • 2h30 • 18 €.

BALADE EN PIROGUE

Phoque qui peut !

C'est bien au cœur de la baie de Somme, à Saint-Valery et non à Bora-Bora, que vous embarquez à bord d'une pirogue polynésienne (ou *va'a*) ! Une approche tout en douceur pour partir à la rencontre des phoques, sans les déranger. Protégés depuis 1972, les veaux marins résident à l'année dans la baie. Leurs cousins les phoques gris, au museau plus allongé, viennent séjourner dans la région d'avril à octobre. Accompagné d'un guide, vous glissez sur le flot de la marée, longez les prés salés où paissent les moutons et contournez les bancs de sable où siestent tranquillement nos pinnipèdes. Un précieux moment nature !

Kayak & Pirogue Baie des Phoques | Saint-Valery-sur-Somme • 369, quai Jeanne d'Arc • 03 22 60 08 44 • www.kayak-somme.com • Safari marin 45 €, résa en ligne, par tél. ou sur place • Sortie de 2h30, prévoir 4h avec équipement, briefing, mise à l'eau... • Apporter au moins un coupe-vent, un short, des chaussures qui ne craignent pas l'eau, car vous vous mouillerez jusqu'à hauteur de genoux !

JOUR 2

BAIN JAPONAIS EN BAIE DE SOMME

Ralentissez le rythme et pénétrez doucement dans la forêt de l'écolodge Le Bruit de l'Eau. Vous entendez le crépitement du feu de bois ? Il chauffe le bain d'eau chaude japonais (O Furo). En pleine nature, sous les derniers rayons de la journée, vous êtes invité à vous immerger dans l'art de vivre du Soleil levant et à vous délasser. Au Japon, on aime se promener dans la forêt : c'est le fameux *shinrin-yoku*, où la nature absorbe le stress, vient détendre et relaxer le promeneur. Dans cet esprit, de vrais bains se nichent en pleine végétation, dissimulés sous les plantes exotiques et les arbres (fleuris en saison).

Posé sur une île, loin de l'agitation du monde, vous écoutez les oiseaux, le vent dans les feuilles, vous regardez les étoiles et voyez passer quelques animaux sauvages, là, de l'autre côté de l'étang. Une douche avant de plonger dans le bain, une serviette gorgée d'eau froide et vous pouvez enfin profiter de la source chaude du bain. La température monte jusqu'à 43 °C. Votre cœur se met à battre fortement afin de rafraîchir le corps. Petit à petit, vous allez vous apaiser, lâcher prise. Les muscles se détendent, l'esprit s'abandonne au moment.

Envie de fraîcheur ? Direction la Sibérie – ou presque –, où, après avoir profité du sauna, vous plongez dans les bassins froids nordiques du Spa Kodama. Une vraie bulle de bien-être !

Toutes prestations réservées à la clientèle de l'écolodge Le Bruit de l'Eau (voir Jour 1) • O Furo (bain japonais au feu de bois), soins botaniques pour le corps, massages aux huiles essentielles, sauna et bains nordiques, yoga et/ou méditation • À partir de 45 €.

BALADE AVEC JULES VERNE

Peu connaissent l'amour qu'avait Jules Verne pour la côte picarde. Entiché de la baie de Somme, il y loue une maison près du port, de 1865 à 1870, et achète un bateau. C'est d'ailleurs au Crotoy qu'il rédige son roman *Vingt Mille Lieues sous les mers,* véritable hymne à la mer et à la liberté.

JOUR

3

TRAIN À VAPEUR

En voiture ! Un rutilant wagon en bois, datant de la Belle Époque, vous attend en gare. Sauvegardé par une association, un train à vapeur historique dessert la côte balnéaire picarde sur un chemin de fer de 1887. Départ du Crotoy, arrêt à Saint-Valery, terminus à Cayeux-sur-Mer, et vice versa. Vous roulez au rythme tranquille de la valeureuse locomotive, à travers champs et marais, étangs de prés salés où vivent moutons, oiseaux, chevaux Henson, vaches Highlands et cigognes. Tout un monde à observer !

Train à vapeur de la baie de Somme | www.cfbs.eu • 12 € (aller simple) et 15 € (A/R) • Privatisable pour un événement.

PARC ORNITHOLOGIQUE

Au cœur des dunes, marais et forêts de la réserve naturelle nationale de la baie de Somme, venez découvrir le parc ornithologique du Marquenterre. Sur 260 ha d'espaces naturels, plus de 300 espèces d'oiseaux rares, endémiques et migrateurs sont à observer tout au long de l'année. Baladez-vous sur les trois circuits en autonomie ou bien en compagnie d'un guide naturaliste. Il saura dénicher pour vous tous les oiseaux à ne pas manquer ! Jumelles indispensables. Sur place : hôtel, restaurant, jardins, golf, aquaclub et musée.

www.parcdumarquenterre.fr • Ouv. 10h-17h, 18h ou 19h selon les saisons • Accès limité dans chaque créneau horaire • Vis. libre 10,50 €.

SPA BE BAIE

Jacuzzi avec vue sur la baie

Au milieu d'un jardin poétique et sauvage, le spa de l'hôtel Les Corderies offre une vue panoramique unique sur les hauteurs de la ville. Un délicat cocon de bien-être qui propose jacuzzi, modelage balinais, bain hydromassant aux huiles essentielles, gommage aux algues et un accès privatisé au sauna et au hammam. Possibilité de réserver une séance individuelle de yoga, pour un corps sain dans un esprit sain !

Hôtel Les Corderies • Saint-Valery-sur-Somme • 214, rue des Moulins • 03 22 61 30 68 • www.lescorderies.com • Lun.-sam. 10h-19h, dim. 10h-17h • Sauna ou hammam avec soins, à partir de 150 € (1h30), jacuzzi extérieur + 10 € • Massages à partir de 80 € (30 min) • Yoga, cocktail détox et jardin.

LA TABLÉE DU MARQUENTERRE

Un appétit d'oiseau ?

Pause déjeuner au cœur du parc ornithologique du Marquenterre, pour une dégustation de produits locaux et de légumes oubliés. Dans des bocaux, savourez les tomates anciennes au pesto d'herbes fraîches, les moules de bouchot à la crème de rollot (fromage de la Somme), la crème caramel au beurre salé, le craquant au chocolat. Ambiance bistrot et cadre chaleureux au milieu des pins l'été ou, au chaud, derrière la grande baie vitrée, sur les ailes de saison.

Saint-Quentin-en-Tourmont • Parc du Marquenterre • 25 bis, chemin des Garennes • 03 22 25 20 72 • https://la-tablee-du-marquenterre.business.site • Ouv. 12h-15h.

AU SPA LOISEAU DES SENS

dans le Morvan

ACCÈS

En train | TGV Paris (gare de Lyon) - Montbard (env. 1h), puis bus Mobigo 120 (env. 1h).

DISTANCES

Dijon - Saulieu | 75 km.
Paris - Saulieu | 250 km.
Lyon - Saulieu | 230 km.

SPA LOISEAU DES SENS

- Accès aux clients extérieurs, sur demande uniquement. Résa au moins 15 j. à l'avance, c'est mieux pour les créneaux du w.-e. et surtout du sam.
- Pour une expérience ultime, et selon votre budget, optez pour un séjour au Relais & Châteaux 5-étoiles (nuitée à partir de 290 €) et un repas au restaurant 2-étoiles (menu à partir de 195 €, menu déj. à 165 €). Accès gratuit au spa avec toute nuitée.

PÉRIODE IDÉALE

- À l'automne, le Morvan se pare de couleurs dorées, ambre, rouges... et c'est le bon moment pour une détox avant l'hiver.
- Éviter l'été, très chargé et donc avec moins de disponibilité au spa pour les extérieurs.

L'IMPRESSION D'ÊTRE PAR MONTS ET PAR VAUX ? Prenez l'expression au pied de la lettre dans le Morvan, le cœur vert de la Bourgogne. Avec ses petits sommets, ses forêts de sapins, ses grands lacs miroitants... c'est l'écrin parfait pour une totale déconnexion. En vous baladant autour des lacs de Chamboux et des Settons, cernés de collines boisées, vous aurez même l'impression de vous être évadé jusqu'au Canada !

La région est aussi propice à cultiver l'art de (bien) vivre. Le mythique Relais & Châteaux Bernard Loiseau est, en effet, implanté à Saulieu, juste à l'orée du parc naturel régional du Morvan, en immersion avec sa nature préservée. Et les gourmands ne sont pas les seuls à s'y laisser chouchouter.

Offrez-vous une parenthèse de bien-être au spa de la Villa Loiseau des Sens, distingué du prestigieux label Spa-A. Jets hydromassants, bain bouillonnant, sauna, hammam... profitez d'équipements derniers cris pour vivre une expérience multisensorielle, empreinte de volupté. À associer à un soin et, si votre budget le permet, à un bon repas. Top pour repartir du bon pied.

JOUR 1

À SAULIEU, DANS LES PAS DE L'*OURS BLANC*

Posez vos valises à la porte d'entrée du Morvan. Saulieu est une jolie ville tout en toits de tuile rousse, réputée pour l'excellence de sa gastronomie. Faites un saut à son marché (le samedi) pour découvrir quelques spécialités du terroir. En vous baladant, attendez-vous aussi à tomber sur... un taureau ou un ours. Inoffensifs, rassurez-vous ! Vous êtes dans la ville natale du sculpteur naturaliste François Pompon, notamment célèbre pour son *Ours blanc*. Ne manquez pas le musée qui porte son nom. Poussez aussi la porte de la basilique Saint-Andoche, plus ancienne église romane de Bourgogne, et admirez les chapiteaux sculptés de sa nef. Votre journée s'achève en terrasse, en savourant un bon verre de vin...

OÙ DORMIR ?

LES SUITES

Appartements de charme

Murs en pierre apparente, poutres, escalier en colimaçon... sont les atouts charme de cette grande maison de maître entièrement rénovée, en plein centre de Saulieu. Elle abrite 3 suites privées pour 2 pers., avec entrées indépendantes. Celle du rez-de-chaussée donne accès au jardin des proprios. Celles de l'étage disposent d'une courette commune. Toutes ont un coin cuisine. Trois boulangeries à 1 min à pied pour vos viennoiseries du matin !

Saulieu • 31, rue Gambetta • 06 07 77 12 03 • www.lessuites-saulieu.fr • Nuitée : de 85 à 100 €/2 pers.

JOUR 2

Marché | Sam. 8h-13h30 • Pl. Monge en mars-oct., sous le marché couvert, rue Sallier, en nov.-fév.

Musée François Pompon | 3, pl. du Docteur Roclore • T.l.j. 10h-12h30 et 14h-18h (17h le dim.), f. lun. ap.-m. et mar. • Entrée 3 €.

Basilique Saint-Andoche | 4, pl. du Docteur Roclore • T.l.j. sf lun. 9h-12h30 (12h le dim.) et 13h30-18h30 (14h le dim.).

CAFÉ PARISIEN

Historique et convivial

Craquez pour le charme rétro de ce café historique, le plus ancien de Bourgogne. Sa façade est même classée à l'inventaire des Bâtiments de France. On y sert une cuisine traditionnelle familiale de saison : melon au cassis du Morvan, quiche morvandaise, bœuf bourguignon... dans une chouette ambiance. C'est sympa aussi pour un café ou l'apéro.

Saulieu • 4, rue du Marché • 03 80 64 26 56 • www.cafeparisien.over-blog.com • T.l.j. tte l'année (sf janv.) : midi et soir juil.-sept. ; jusqu'à 20h30 oct.-juin • Plat du jour 16 €.

EXPÉRIENCE MULTISENSORIELLE AU SPA LOISEAU DES SENS

Poussez les portes de l'un des plus beaux spas d'Europe. Un espace bien-être de 1 500 m² dans une magnifique villa en douglas et chênes du Morvan, cernée par les monts d'Auxois. Enfilez un peignoir et prenez le temps de vous laisser aller dans les deux univers détente. Dans l'espace « Multisensoriel », stimulez vos cinq sens, de banquette drainante en plage bouillonnante et alcôve massante. L'univers « Volupté » est propice au lâcher-prise. Profitez du sauna, avec vue sur le jardin du Relais & Châteaux, détendez-vous au hammam et rafraîchissez-vous sous le seau cascade (d'eau glacée) ou en vous servant, à volonté, à la fontaine de glace pilée. La cabane à air marin, elle, vous offre une grande bouffée d'iode... même à des centaines de kilomètres de la mer ! Les soins sont prodigués au 1er étage.

Le spa travaille avec deux marques françaises, bio et nature. Testez la « Balade de saison », le soin signature, qui combine gommage, enveloppement du corps, massage énergétique... Top pour faire peau neuve tout en profitant d'un voyage olfactif. Pensez à réserver la cabine duo pour une évasion à deux.

Saulieu • 2, av. Bernard Loiseau • 03 80 90 53 53 • www.bernard-loiseau.com • T.l.j. 7h-23h (soins : 10h-19h) • Spa : 65 €/2h, gratuit avec un soin • Soins : à partir de 95 € les 45 min.

BISTROT LOISEAU DES SENS

Bistronomie du marché

Au 1er étage de la Villa Loiseau des Sens, juste au-dessus du spa, savourez une cuisine bistronomique, à base de produits bio sélectionnés chez les producteurs et éleveurs de la région. Le midi, optez pour le menu « Retour du marché ». Dos de cabillaud et riz noir, pintade et ragoût d'épeautre, œufs en meurette ou encore escargots sont certaines des déclinaisons qui rythment la carte, le soir.

Saulieu • 2, av. Bernard Loiseau • 03 80 90 53 53 • www.bernard-loiseau.com • Du sam. midi au mer. midi • Menu « Retour du marché » le midi 38 € ; plat à la carte à partir de 22 €.

LE LAC DE CHAMBOUX

On peut lui trouver des airs de lac canadien, ainsi entouré de ses collines boisées. Le lac de Chamboux est artificiel, comme tous ceux du parc du Morvan, dont il est aussi le plus récent. Il est, en fait, constitué de trois réservoirs d'eau (potable), séparés par des digues. Comptez 8 km pour en faire le tour complet (2h30 env. à pied). La balade est super facile et permet de varier les points de vue et les paysages. Vous pouvez profiter des digues pour vous offrir quelques raccourcis. Tour du lac possible aussi en vélo.

Accès libre tte l'année • Départ du circuit « Lac de Chamboux » sur le parking du Domaine de la Pierre Ronde à Saint-Martin-de-la-Mer.

JOUR 3

AU VERT AU SAUT DE GOULOUX ET AU LAC DES SETTONS

Passez votre journée au vert. Rendez-vous d'abord au saut de Gouloux : une cascade de 10 m de haut formée par la chute du cours d'eau le Caillot dans une ancienne faille. Pour l'atteindre, enfoncez-vous dans la forêt en suivant deux boucles au choix : 800 m ou 1 km (avec un peu plus de dénivelé). Le bruit de l'eau qui s'amplifie vous sert de guide. Près de la cascade, découvrez les ruines de deux moulins et un ancien port de flottage du bois.

Puis filez au lac des Settons, l'un des six grands lacs du Morvan. Toutes vos envies y sont possibles : farniente sur la plage du Midi, baignade, balade à pied sur les rives du lac jonchées de passerelles, sortie en paddle ou en canoë. Une idée ? Prévoyez un pique-nique et accostez sur une île... pour jouer les Robinsons !

À 5 km de Saint-Brisson par la D977 bis • Petit parking d'où part le sentier.

LE BISTROT DU PARC

Du Morvan, rien que du Morvan...

... ou, à défaut, du Bourguignon. C'est peu dire que circuits courts et productions locales sont les valeurs défendues par ce bistrot, situé dans le cadre de la Maison du Parc. La Morvandelle est l'incontournable de l'ardoise : une assiette complète avec fromage blanc fermier, jambon cru du terroir, bœuf séché, salade, pommes de terre bio et un crapiau du Morvan (une sorte de crêpe). Réservation recommandée !

Maison du parc du Morvan | Saint-Brisson • 03 86 76 03 25 • www.lebistrotduparc-morvan.fr • Mi-mars-mi-nov., t.l.j. 10h-18h (19h30 en juil.-août) • Assiette Morvandelle 15,50 €, plat du jour 12,50 €, brunch dim. 25 €.

THALASSO AVEC VUE SUR LE LARGE

à Belle-Île-en-Mer

TRAVERSÉES

En ferry | Compagnie Océane : départ de Quiberon tte l'année, 7 à 12 rotations/j. ; aller simple 17 € (18,50 € ven., sam., dim. et j. fériés d'avr. à sept.) ; 50 min ; www.compagnie-oceane.fr • Navix : départs de Vannes, avr.-sept. ; aller simple 23,50 € ; www.navix.fr

En navette à voile | Compagnie Îliens : départ de Quiberon, mar. et ven.-dim. en avr.-juin et sept.-oct., t.l.j. en juil.-août ; 1h30 ; A/R à partir de 40 € ; https://iliens.fr

SE DÉPLACER SUR L'ÎLE

- La mobilité douce est à privilégier. Sur place, vous pouvez louer voiture, scooter et vélos... dont à moteur électrique.
- Service de bus Belle-Île Bus, 4 lignes quot., d'avr. à oct. Ticket : 3 € à l'unité, 25 € par 10.

THALASSO

- Pour garantir la disponibilité, réserver ses soins à la carte.
- Peignoir, bonnet de bain, serviettes et sandales fournis.
- Pas de soin d'hydrothérapie pour les femmes enceintes.

PÉRIODE IDÉALE

- Juste avant et/ou juste après l'hiver, pour tirer les meilleurs bénéfices de la thalasso. La fréquentation de l'île est aussi beaucoup plus raisonnable.
- « Goéland futé » tient un calendrier prévisionnel de fréquentation de l'île sur le site : www.belle-ile.com

DIRECTION LA BRETAGNE, BERCEAU DE LA THALASSOTHÉRAPIE. À la faveur de ce séjour, profitez des bienfaits de l'eau de mer, des algues, des boues marines et même des vertus de l'huître et des cristaux marins au sein du seul centre breton situé sur une île. Et quelle île ! La mythique et bien-nommée Belle-Île-en-Mer, aux paysages préservés et au littoral à couper le souffle.

Le Castel Clara Thalasso & Spa est arrimé dans l'un des sites les plus sauvages de ce bout de terre, en surplomb de l'anse de Goulphar. Laissez-vous chouchouter avec vue à 180° sur l'océan Atlantique. Partez vous balader, à deux pas du centre, vers les intemporelles aiguilles de Port-Coton, roches dentelées fouettées par l'écume. Chillez sur l'une des terrasses du typique port de Sauzon, aux maisons colorées. Prenez-en plein les mirettes sur l'emblématique pointe des Poulains.

Faire escale sur Belle-Île-en-Mer, c'est faire place aux embruns, perdre un peu ses repères continentaux et renouer avec une autre notion du temps...

OÙ DORMIR ?

CHAMBRES D'HÔTES DE BORDUSTARD

Dans un hameau tranquille

Meubles vintage et discrète déco marine pour ces 4 chambres, au cœur du hameau de Bordustard, sur les hauteurs du Palais. Elles sont aménagées dans l'extension en bois d'une longère belliloise. Celles à l'étage sont mansardées et celles du rez-de-chaussée ont leur terrasse privée. Le jardin, lui, est accessible à tous. Douceurs maison, locales et bio au petit déj.

Le Palais • 07 87 15 63 74 • www.chambresdhotes-bordustard.fr • Mi-fév.-mi nov. • À partir de 95 €/nuitée (2 nuits min.), petit déj inclus.

HÔTEL LE CLOS FLEURI

Esprit cottage

Au calme, près du Palais, profitez de 18 chambres douillettes, mansardées ou avec terrasse ouverte sur le grand jardin, pour 2 à 5 pers. Ambiance « comme à la maison », avec un vrai engagement écoresponsable. Un espace bien-être avec sauna est disponible, sur réservation.

Le Palais • Bellevue, route de Sauzon • 02 97 31 45 45 • www.hotel-leclosfleuri.com• Chambre double à partir de 74 €/nuit • Petit déj. 14 € • Sauna 30 €, 1h, pour 2 pers.

JOUR
1

DÉCOUVERTE DU PALAIS ET DE SA CITADELLE VAUBAN

Après 50 min de traversée… bienvenue au Palais, la capitale de Belle-Île-en-Mer ! Laissez derrière vous l'agitation de l'embarcadère et privilégiez une terrasse qui donne sur l'arrière-port pour savourer un premier petit café insulaire. Baladez-vous le long du bassin à flot ou des étals du marché 100 % local, non loin… puis prenez un peu de hauteur.

Grimpez jusqu'à cette citadelle Vauban qui domine fièrement le port et flânez dans ses jardins suspendus. D'autres points de vue imprenables sur la ville vous attendent aussi en suivant l'enceinte fortifiée qui en fait le tour. Une chouette balade entre les arbres et les vieilles pierres.

Marché du Palais | Pl. de la République • Tte l'année mar.-dim. (t.l.j. avr.-sept.) 8h30-13h.

La citadelle | Le Palais • 02 97 31 85 54 • T.l.j. mars 9h30-17h, avr.-juin et sept. 9h30-18h, juil.-août et vac. scol. déc./fév. 9h30-17h • Tarif : 9 € (NB : réouv. après travaux prévue au printemps 2023).

Boucle pédestre « Enceinte urbaine du Palais » | 2,6 km • Escalier pentu au départ (rue Jules Simon), puis facile.

LA PARENTHÈSE

Au gré du marché

Accueil décontracté et cuisine locavore de préférence, pour ce (tout) petit restaurant situé sur une charmante placette. Linguines aux coquillages, filet ou tartare de poisson, pièce du boucher, risotto de sarrasin… l'ardoise s'adapte aux saisons et à la bonne humeur du chef ! Aux beaux jours, la terrasse est prisée. Réservation (par téléphone) plus que conseillée.

Le Palais • Pl. Bigarré • 02 97 29 30 24 • Facebook : Restaurant La Parenthèse • Fév.-fin nov. mar.-sam. midi et soir • Plat du jour 16 €.

JOUR 2

BIENFAITS MARINS FACE À LA CÔTE SAUVAGE

Le savez-vous ? L'eau de mer est riche en sels minéraux, plancton... et en ions négatifs, qui procurent un vrai effet « coup de boost ». Enfilez un peignoir et rechargez vous aussi vos batteries, face à la côte sauvage de Belle-Île-en-Mer, dans les 1 000 m² d'espace « Thalasso et Spa » du Castel Clara. Avec, pour bien vous aider à lâcher prise : sauna, hammam, jacuzzi, piscine d'eau de mer chauffée à 34 °C en intérieur... et aussi, aux beaux jours, en extérieur. Un vrai délice de nager avec vue sur l'océan !

Plusieurs formules « Caprices Thalasso » sont proposées pour profiter de ses bienfaits à la demi-journée. Choisissez par exemple la « Coup d'éclat » avec trois soins au choix. Les classiques enveloppement d'algues et bain hydromassant sont associés au soin du corps « Douceur de l'Istrenn ». Faites-vous dorloter lors d'un gommage énergisant aux cristaux marins et poudres de coquilles d'huîtres (des produits bretons !) suivi d'un modelage à base d'huile d'amande douce...

Autre soin signature à la carte : testez l'« Odyssée marine », un massage complet du corps et du visage de 90 min, aux vertus reminéralisantes et revitalisantes. Confortablement installé dans les transats de la salle de repos, et sans vous lasser du panorama sur l'anse de Goulphar, savourez une sensation finale de bien-être absolu !

Castel Clara Thalasso et Spa | Bangor • Port du Goulphar • 02 97 31 84 21 • www.castel-clara.com • Mi-janv.-mi-nov. lun.-sam. 9h-12h30 et 14h-19h, dim. 9h-12h30 • Caprice Thalasso à partir de 82 €, demi-journée Coup d'éclat 135 €, soin signature Odyssée marine 165 €.

LES AIGUILLES DE PORT-COTON

Par forte houle, l'écume les couvre de flocons mousseux et ouateux. D'où leur nom ! À deux pas de la Thalasso, les aiguilles de Port-Coton forment des pointes tout en dentelles de granit, tantôt caressées par une eau turquoise, tantôt claquées par des vagues déchaînées. Laissez-vous impressionner par ce spot sublime... comme Claude Monet avant vous, qui l'a immortalisé dans plusieurs de ses toiles. Un circuit de 11 km vous permet de suivre la trace du peintre, sur cette côte sauvage, de la pointe du talus aux rochers du Lion en passant par le port du Goulphar, le Grand Phare... Soyez bien chaussé. Sinon vous pouvez aussi « juste » regarder le soleil se coucher entre les aiguilles. Magique !

Boucle « Sur les pas de Claude Monet » | 11 km • Durée 3h30 • Niveau moyen • Parcours détaillé sur www.belle-ile.com

CRÊPERIE COTON

Authentique et bio

Une crêperie typiquement bretonne dans une maison tout aussi typique de l'île, à la façade orangée. Galettes et crêpes sont élaborées avec des farines bio et garnies de produits locaux et régionaux, de préférence. Testez celles au fromage de chèvre ou de vache frais, de Locmaria et du Palais. Autre idée : partager une galette apéritive au tarama *made in* Quiberon, arrosée de cidre fermier du Finistère.

Bangor • Rue des Impressionnistes, Kervilaouen • www.creperie-coton.fr • 02 97 31 32 62 • Mar.-dim. 12h-14h et 2 services le soir à 19h et 21h • Galettes : complète à partir de 7 €, apéritive 8 €.

JOUR 3

SOUS LE CHARME DU PORT DE SAUZON

Des maisons aux teintes pastel et aux volets colorés, des quais jonchés de filets et de casiers de pêche, des bateaux au mouillage dans sa longue ria... vous ne pouvez que craquer pour le port de Sauzon, des plus pittoresques et in-con-tour-nable ! Flânez dans son dédale de ruelles, observez les pêcheurs qui attrapent étrilles, crabes et petites crevettes grises dans leur carrelet, chillez sur une terrasse de café ou de restaurant... Très animé l'été, le port retrouve un calme « hors du temps » hors saison. Toute l'année, quand le soleil couchant fait ressortir les couleurs des maisons, c'est sublime !

LA POINTE DES POULAINS

Vous l'avez sûrement déjà vue, en photo, tourmentée par la tempête... Le décor de la pointe des Poulains est tout aussi magique par temps clair. Un îlot de nature cerné de falaises de schiste noir et dominé par un phare à la lanterne rouge... Une bonne idée : y filer à pied depuis Sauzon, en suivant l'une des plus belles portions du sentier côtier GR340 (6 km, env. 1h30, facile). Au printemps, vous sillonnez au milieu d'un tapis rose d'arméries maritimes, fleur typique du littoral. Le site est aussi intimement lié à Sarah Bernhardt. La tragédienne a vécu les 30 dernières années de sa vie dans son fortin... qui se visite !

Espace Sarah Bernhardt | Sauzon • Pointe des Poulains • 02 97 31 61 29 • Avr.-juil., sept. et vac. Toussaint, mar.-dim. 11h-17h30 (sam. 13h-17h30) ; juil.-août t.l.j. 11h-18h ; 1er-15 oct. mer. et ven.-sam. 13h-17h • Tarif : 6 €.

Index

A

B

C

P

R

S

V

Crédits photographiques

INTÉRIEUR

Hemis

Alamy : 175 ; BERTHIER Emmanuel : 68, 81, 83, 105, 106, 107 ; BLANCHOT Philippe : 57 ; BRUSINI Aurélien : 70-71 ; Cultura : 4 (g.) ; DELFINO Dominique : 95 ; DURANGO Natalia : 145 ; GIRAUDOU Laurent : 60 ; GUIZIOU Franck : 82, 113, 116 ; GUY Christian : 184 ; HAUSER Patrice : 156 ; HUGHES Hervé : 161 ; LECLERQ Olivier : 80 ; LENAIN Hervé : 160, 172, 173 ; LIOT Jean-Marie : 42 ; MONTICO Lionel : 55 ; MORANDI Tuul et Bruno : 190 ; RIEGER Bertrand : 61, 151 ; Westend 61 : 130.

AdobeStock

AlcelVision : 21 ; Alexander Demyanenko : 193 ; Alexi Tauzin : 48 ; arcachonphoto.com : 74, 154 ; aro49 : 24 ; Arthur R. : 63 ; AUFORT Jérôme : 187 ; barmalini : 139 ; bobroy20 : 128 ; cafaphotos : 169 ; Christina : 8-9 ; chromoprisme : 110, 111 ; claudiameyer : 155 ; david debray : 191 ; Didier San Martin : 27 ; Dominique VERNIER : 33 ; Elena Dijour : 18 ; ERIC : 166 ; fannychaz : 39 ; foxytoul : 67 ; Francois : 45 ; Gilles : 49 ; ISO-68 : 125 ; JAG IMAGES : 15, 181 ; jasckal : 25 ; Ldgfr Photos : 69 ; Lotharingia : 179 ; Marie : 117 ; olrat : 148 ; PackShot : 89 ; Pernelle Voyage : 122 ; Picture News : 37 ; Pierre Violet : 66 ; Richard Semik : 75 ; Ron : 149 ; serge : 51, 123 ; Thomas Launois : 99 ; Xavier : 101 ; Yggdrasill : 108.

Shutterstock

andre quinou : 178 ; Charles Bowman : 13 ; Christian Musat : 30 ; EQRoy : 143 ; Eric Valenne geostory : 142 ; Gerhard Roethlinger : 12 ; Gonzalo Buzonni : 54 ; Grantibo : 92 ; JeanLucIchard : 136 ; JP Chret : 31 ; kokcinelo : 129 ; LMA.Doneur : 163 ; mambo :19 ; Pecold : 119 ; Sasha64f : 119 ; Sasha64f : 43 ; Senderistas : 157 ; Stephen M Brooks : 98 ; sylv1rob1 : 77 ; Vasily Menshov : 36.

Nous adressons tous nos remerciements aux établissements suivants pour nous avoir permis de reproduire leurs photographies :

Les Célestins by VyResort thermale : © ANTHONY ITH : 4 (d.) ; © Marielsa Nils : 174 ; Yoga with Nat : © Sébastien Bouchonneau 5 (g.), © Nathalie Péchinot 38 ; Domaine de Villeray - Spa Pom : © Zuzana Eelsen : 5 (d.), 162 : Le bruit de l'eau : © bestjobers : 6, 180 ; Yoga Normandie : © Emilie Delozier-Sancho - Akha Production : 14 ; Le Barn Hôtel : Nomades Studio : 20 ; Soren Yoga : © Aymeric Coissard : 26 ; Sophro Nature Évasions : © Marie-Anaïs Thierry : 32 ; Caval coaching : © Tiffany Trabado-Maillet : 44 ; Les pieds sur terre : © Christine Evrard : 50 ; Société Extra-Bien : © Fabrice Turbot : 56 ; La ferme Hortélie : ©fermehortelie : 76 ; Coucoo La Réserve : @studiopayol : 86, 87 ; Histoires d'arbres : © Christian Decamme : 88 ; Maison d'hôtes Alta Terra : © Stéphane Serre : 93 ; © Juliette Ranck : 94 ; Le domaine des Saraillès : © Sandra Bombaille : 100 ; Les Ânes du Vigos : © Martine Carol Graverol : 112 ; Éthiquable : © Daniel Beldent : 118 ; Sylvatorium au Mont-Dore – Salon des Capucins : © OT Sancy : 124 ; Spa Montagnes du Monde de l'hôtel-résidence Alexane : ©Ludovic di Orio : 131 ; Spa La Licorne : © Sebastien Lory : 132-133, 144 ; Thermes Sextius : droits réservés : 137 ; ©Pauline Daniel : 138 ; Taaka Beer Spa : ©DeFobis : 150 ; Le Splendid Hotel & Spa : © Le Splendid Hotel & Spa : 167, 168 ; Spa Loiseau des Sens : © Jonathan Thévenet : 185 ; © Franck Juery : 186 ; Castel Clara Thalasso et Spa : ©Castel Clara : 192.

COUVERTURE

Plat 1 : © Monica DALMASSO / hemis.fr (visuel principal) ; © Alex Stemmers / Shutterstock.
Plat 4 : Christina / AdobeStock (ht). Illustration : © Irène Sellier.

Autrices : Stéphanie Biju, Élodie Rothan, Laurine Thiodet et Marion Zipfel

Direction : Sidonie Chollet
Direction éditoriale : Cécile Petiau
Édition : Joël Ambroggi et Émilie Lézénès
Avec la collaboration de : Hugo Caesar, Marion Duhamel et Nadine Lucas
Mise en pages : Irène Sellier
Fabrication : Liza Sacco

Conception graphique de la maquette intérieure : Irène Sellier
Illustrations : Irène Sellier
Conception graphique de la couverture : Studio POLI&CO

Contact presse : rmazef@hachette-livre.fr – 01 43 92 36 66
Contact publicité et partenariats : partenariat-tourisme@hachette-livre.fr

Aussi soigneusement qu'il ait été établi, cet ouvrage n'est pas à l'abri des changements de dernière heure, des erreurs ou omissions. Ne manquez pas de nous faire part de vos remarques. Informez-nous aussi de vos découvertes personnelles, nous accordons la plus grande importance au courrier de nos lecteurs : weekend@hachette-livre.fr

Édité par Hachette Livre
(58, rue Jean-Bleuzen, CS 70007, 92178 Vanves Cedex)
Imprimé en France par Pollina
Achevé d'imprimer : janvier 2023
ISBN : 978-2-01-721531-8 • Codification : 81-6610-0
Dépôt légal : février 2023 • Collection n° 31 • Édition : 01